JN050922

1級 建築施工管理技士 第二次検定

井上国博・黒瀬 匠・三村大介［共著］

はじめに

「1級建築施工管理技術検定」の第二次検定を受検される方は、第一次検定に合格された方、あるいは建築士法による一級建築士試験合格者で、1級建築施工管理技術検定第一次検定の受検資格を併せて有する方であり、基礎的な知識、技術については十分な力をおもちの方々です。

しかしながら、近年は経験重視の高度な内容となってきており、机上の学習だけでは対応が難しくなっています。

第二次検定は、受検者自身の**技術力**、**知識力**、**経験力**、**応用力**、**表現力**の審査であり、受検者自身が身に付け体得したものを示さなければなりません。

本書は、最近の傾向を十分把握し、過去の問題を全般的に網羅しつつも、近年の新分野における出題傾向も取り入れた内容で編集しました。

Ⅰ部の**経験記述**では、経験記述論文を減点されずにどうまとめればよいかといったポイントをわかりやすく示しました。また、代表的な**品質管理**、**建設副産物**、**施工の合理化**に対応できるように、論文例を作成し、記述のコツをつかめるように工夫しました。

Ⅱ部の**施工管理と法規の知識**では項ごとにランクを表示しており、★の数が多いほど頻繁に出題されている内容です。演習問題には制度改正に伴い、出題されるようになった**五肢択一式**の問題を盛り込んでいます。

本書を有効に活用され、受検者の皆様に「合格」の吉報が届くことを心よりお祈り申し上げます。

2022年6月

著者らしるす

目　次

Ⅱ部　施工管理と法規の知識

第1章　躯体工事

第2章　仕上工事

受検ガイダンス

1. 第二次検定の概要

(1) 第二次検定の試験日・試験地

・**試験日**：例年10月中旬　　　・**合格発表**：例年1月下旬

・**試験地**：札幌・仙台・東京・新潟・名古屋・大阪・広島・高松・福岡・沖縄（会場確保の都合上、やむを得ず近隣の都市で実施する場合があります）

(2) 第二次検定の受検資格

①建築士法による一級建築士試験合格者（下記のイ～ハのいずれかの受検資格を満たしている場合）

②前年度の1級建築施工管理技術検定第一次検定合格者のうち下記のイ～ハのいずれかの受検資格で受検した者

③前年度の1級建築施工管理技術検定第一次検定合格者のうち下記のニの受検資格で受検した者（第一次検定のみ受検の合格者）

④同年度の1級建築施工管理技術検定第一次検定合格者のうち下記のイ～ハのいずれかの受検資格で受検した者

＊受検資格により、申込方法・書類等が異なります。

イ．学歴等

学歴	建築施工管理に関する実務経験年数※1	
	指定学科※2	指定学科以外
大学等	卒業後3年以上	卒業後4年6か月以上
短期大学・高等専門学校等	卒業後5年以上	卒業後7年6か月以上
高等学校等	卒業後10年以上※3	卒業後11年6か月以上※3
その他	15年以上※3	

※1　実務経験年数には、1年以上の指導監督的実務経験を含むことが必要。

※2　指定学科の詳細は試験団体の「受検の手引」を参照。

※3　所定の要件を満たした場合、実務経験年数の2年短縮が可能。詳細は試験団体の「受検の手引」を参照。

ロ．二級建築士試験合格者

合格後5年以上の実務経験を有する者（1年以上の指導監督的実務経験を含むことが必要）

ハ. 2級建築施工管理技術検定第二次検定合格者

学歴・資格		建築施工管理に関する実務経験年数※2	
		指定学科※3	指定学科以外
2級建築施工管理技術検定第二次検定※1合格者		合格後5年以上※4	
2級建築施工管理技術検定第二次検定※合格後、実務経験が5年未満の者	短期大学等	卒業後5年以上	卒業後9年以上※4
	高等学校等	卒業後9年以上※4	卒業後10年6か月以上※4
	その他	14年以上※4	

※1 令和2年度までは実地試験。
※2 実務経験年数には、1年以上の指導監督的実務経験を含むことが必要。
※3 指定学科の詳細は「受検の手引」を参照。
※4 所定の要件を満たした場合、実務経験年数の2年短縮が可能。詳細は試験団体の「受検の手引」を参照。

ニ. 2級建築施工管理技術検定第二次検定合格者（実務経験問わず）

2. 試験の内容と合格基準

(1) 試験の内容

「施工管理法」について記述式および五肢択一式（マークシート方式）による筆記試験が行われます。検定基準は以下のとおりです。

・監理技術者として、建築一式工事の施工の管理を適確に行うために必要な知識を有すること。
・監理技術者として、建築材料の強度等を正確に把握し、および工事の目的物に所要の強度、外観等を得るために必要な措置を適切に行うことができる応用能力を有すること。
・監理技術者として、設計図書に基づいて、工事現場における施工計画を適切に作成し、および施工図を適正に作成することができる応用能力を有すること。

(2) 合格基準

得点の60％以上が合格基準となります。ただし、試験の実施状況などを踏まえ、変更される可能性があります。

建築施工管理技術検定に関する申込書類提出および問合せ先
一般財団法人 建設業振興基金 試験研修本部
〒105-0001　東京都港区虎ノ門4丁目2-12　虎ノ門4丁目MTビル2号館
TEL　03-5473-1581

検定に関する情報は今後、変更される可能性があります。受検する場合は必ず、国土交通大臣指定試験機関である建設業振興基金（https://www.kensetsu-kikin.or.jp/）などの公表する最新情報をご確認ください。

経験記述

施工経験に基づく記述（Ⅰ）

自らの経験を記述する問題が出題される。施工管理上、建築工事において生じる諸問題の留意点と、その事項に対しての具体的な対応、処置、対策そして自らの評価を記述する。また、現場での取組みや活動を具体的に記し、与えられた課題に対する自身の考えや意見を記述することなどが求められる。受検者の実務経験の有無と施工管理能力が判定される。課題として、品質管理、建設副産物対策、施工の合理化などが問われる。

1-1 出題問題の分析と解説

1 経験した建築工事（最近経験した工事）の記述上の注意事項

工事概要

イ．工事名

・

解説 ① 実際に施工された工事であること。
「架空工事」、「予定・計画工事」は不可である。
国内で過去約５年以内の工事経験であるもの。

② 建築工事であることが明らかであること。建築工事以外の工事種別の工事名を書かない。
「造園工事」、「管工事」、「電気工事」、「土木工事」などは不適となる。

③ 固有名詞で記載すること。また、新築、増築、改修、改築、修繕、模様替え工事などを具体的に明記すること。

（例）○○ビル新築工事、△△研修所改修工事、□□マンション建設工事、××ビル増築工事など

ロ．工事場所

・

解説 工事場所が特定できること。記憶している範囲を必ず記すこと。
具体的な地名を記入すること（都道府県名、市町村名、番地）。
（例）東京都世田谷区三軒茶屋〇－〇－〇

ハ．工事の内容

［新築の場合］

建物用途	
構　造	
階　数	
延べ面積または施工数量	
主な外部仕上げ	
主要室の内部仕上げ	

［改修の場合］

建物用途	
主な改修内容	
施工数量または建物規模	

解説 **【新築の場合】**

① 建物用途…（例）住宅、共同住宅、寄宿舎、幼稚園、小学校、神社、事務所、店舗など

② 構　　造…（例）木造、鉄筋コンクリート造、鉄骨造、鉄骨鉄筋コンクリート造など

③ 階　　数…（例）地上〇階建て、平屋建て、増築部分地上△階建など

④ 延べ面積…（例）延べ面積〇〇〇㎡、延べ面積□□□㎡のうち今回増築した延べ面積△△△㎡

【改修の場合】

① 建物用途………新築の場合と同じ。

② 主な改修内容

（例）屋上防水改修、耐震改修・柱補強、外装タイル張替えなど

③ 施工数量または建物規模

（例）屋上防水改修………防水面積○○○m²

耐震改修・柱補修…建築全体規模とするか、柱箇所数、耐震壁の箇所数

外装タイル張替え…張替えタイル面積○○○m²

全面であれば建物規模でもよい。

ワンポイントアドバイス

＊あまり規模の小さい工事は避けるようにすること（建築一式工事として換算したとき、4,500万円に満たない工事、一式以外で3,000万円に満たない工事は監理技術者としての技能・マネージメント能力を判定するには小さすぎるので好ましくない）。

＊延べ面積、施工数量、建物規模は、単位の記入を忘れないこと。

＊建物規模には、全体の規模（延べ床面積、階数など）と、改修部分の延べ床面積、壁面積、階数など、その部分がわかる数値を記入すること。

ニ．工期（年号または西暦で年月まで記入）

・　　　　　　年　　　月　～　　　　　年　　　月

解説 ① 受験日以前に完了していること。

② 契約書に記されている工期とすること。

③ 竣工検査が合格済であること。

ホ．あなたの立場

・

解説 ① **指導、監督的な立場であること**

・「現場代理人」、「現場監督員」、「現場主任」、「工事主任」、「主任技術者」、「発注者側監督員」、「現場事務所長」、「現場事務所次長」、「作業所長」などとする。その工事現場に常駐しないで総括的に巡回で現場に赴いていた場合「総括監督員」、「総括所長」などの表現もある。

・専門工事業者（下請業者）の場合は、専門工事業者の「現場代理人」と記す。

② **誤字、省略名を書かないこと**

ワンポイントアドバイス

指導、監督的な立場であること＝

＊「○○係」、「△△助手」、「作業主任者」は不可である。

誤字、省略名を書かないこと＝

＊「現場代利人」、「現場官督」、「現場主人」、「主人技術者」は不可である。

＊「現場代人」、「監督員」、「主任」は不可である。

ヘ．あなたの具体的な業務内容

・

解説　業務内容…（例）工事総合管理、施工管理全般、工事管理全般、品質管理担当、品質検査・記録担当、安全担当、仮設工事全般担当、施工図作製・審査担当、追加・見積・工務担当、ISO9000ファミリー規格記録担当、躯体工事担当、仕上げ工事担当など

2　管理項目の出題内容

過去の出題は、品質管理、建設副産物対策、施工の合理化などからで、単に施工管理にとどまらず、社会的背景を踏まえた施工全般に関する、総合的マネージメント能力を問う問題である。経験した工事による処置、対策などの設問（A）と、経験などから得た知識や管理能力を問う設問（B）がある。

品質管理

A 設計図書等により要求された品質を実現するため、**品質管理計画**に基づき品質管理を行った工事において、品質管理を実施した事例を２つあげ、次の①～③について具体的に記述する。

① 工種名、要求された品質および品質管理項目

② 品質管理項目を設定した理由

③ 実施した内容および留意した内容

B 工事経験に照らして、次の①、②について具体的に記述する。

① 作業所において、組織的な品質管理を行うための方法や手段

② ①の方法や手段で組織的な品質管理を行うことによって得られる効果

………………………………

A 発注者や設計図書等により要求された品質を実現するため、品質計画に基づき行った工事において、品質管理活動の事例を2つあげ、次の①～③について具体的に記述する。

① 要求品質と設定した品質管理項目

② 品質管理項目と理由

③ 実施した内容

B 工事経験に照らして、品質管理目標、品質管理項目および活動内容を協力業者等に周知するためおよびそれらに基づいて施工されていることを確認するための方法・手段を具体的に記述する。

………………………………

A 設計図書等から読み取った要求品質を実現するために行った品質管理活動を2つあげ、次の①～③について具体的に記述する。

① 要求品質と重点品質管理項目

② 品質管理項目と定めた理由

③ 実施した内容

B 経験を踏まえて、次の①、②について具体的に記述する。

① 作業における組織的な品質管理活動はどのように行ったらよいか。

② 組織的な品質管理活動を行うことにより、どのような効果が得られるか。

建設副産物対策

A 施工計画の段階から検討し実施した建設副産物対策について3つあげ、次の①～④の事項について具体的に記述する。

① 建設副産物対策（発生抑制、再使用または再利用）

② 工種名

③　対策として実施したことと留意事項

④　実施後得られた副次的効果

B 工事経験を踏まえて、建設廃棄物の適正な処理の事例を２つあげ、次の①、②について具体的に記述する。

①　対策として実施したこと

②　適切に実施するための留意事項

……………………………

A 資源循環型社会の推進に向けて計画し実施した建設副産物対策のうちから発生抑制について２つ、再生利用について１つあげ、次の①～③について具体的に記述する。

①　工種名

②　計画・実施した内容

③　結果と波及効果

B 工事経験を踏まえて、現場で分別された産業廃棄物の適正処分にあたっての留意事項を２つ、産業廃棄物名をあげて具体的に記述する。

……………………………

A 工事において実施した、発生抑制、再使用、再生利用、熱回収、適正処分の建設副産物対策から異なる対策を３つ選び、それぞれ次の①～④について具体的に記述する。

①　選んだ建設副産物対策

②　工種名

③　実施した内容

④　結果とあなたの内容

B 経験に照らして、地球環境保全のために行うべき取組みについて、次の環境問題から２つ選び、具体的に記述する。

①　地球温暖化

②　熱帯林の減少

③　水質汚染

施工合理化

A 品質を確保したうえで、施工の合理化を行った事例を２つあげ、次の①～

④の事項について具体的に記述する。

① 工種または部位等

② 実施した内容と品質確保のための留意事項

③ 施工の合理化となる理由

④ 副次的効果

B 工事経験に照らして、施工の合理化において品質を確保しながらコスト削減を行った事例を2つあげ、次の①、②について具体的に記述する。

① 工種または部位等

② 合理化の内容とコスト削減できた理由

……………………………

A 品質を確保したうえで、現場作業の軽減および工期の短縮を実施した事例をそれぞれ1つあげ、次の①～④の事項について具体的に記述する。

① 工種または部位等

② 実施内容と品質確保のための留意事項

③ 実施したことが結果に結びつく理由

④ 実施後得られた副次的効果

B 工事経験を踏まえて、労働生産性の向上のための取組みの事例について2つあげ、取り組んだことと、それによって得られる効果について具体的に記述する。

……………………………

A 生産性向上を目指して、品質を確保したうえで施工の合理化を行った事例について2つあげ、次の①～④の事項について具体的に記述する。

①工種または部位等

②必要になった原因と実施内容

③確保しようとした品質と留意事項

④合理化できたと考えられる理由

B 工事経験に照らして、品質を確保したうえで行う施工の合理化の方法において、建設資材廃棄物の発生抑制の効果について、次の①、②について具体的に記述する。

① 施工方法

② そう考える理由

3 文章を書くうえでのテクニックと注意点

記述文の書き方

経験記述文を書くときは、「序論―本論―結論」という構成で簡潔に、論点を明確にして書くこと。

最近の出題は、工事概要であげた工事についての命題と、工事概要で取り上げた工事以外で今日までの工事経験に基づく命題が与えられ、それに対する目標、工種、対策、対応、理由、内容、結果と評価などを具体的に記述する問題が多い。短く簡潔にまとめることが重要である。

解答用紙には、HBのシャープペンシルか鉛筆で読みやすく書くこと（**薄い文字は読みづらく、自信がなく見える**）。

文章表現

記述文の文体は「です、ます」調ではなく、**「である」調で統一**するのが一般的である。

字は、汚い・下手は気にせず、**丁寧に書くこと**。**誤字脱字に注意**し、記述文を練習するときは、パソコンではなく**手書きで練習**するとミスは少なくなる。

留意した事項（内容）、実施した事項（内容）などを記述するときは、次のように表現する。

……について、…………に留意した。

……について、…………を問題とした。

……のため、……………をした。

……のため、……………を問題点とした。

……に対して、…………を実施した。

1-2 施工経験記述文例から学ぶ

1 品質管理

ここでは、例題1～3を設け、品質管理についてできるだけ記述例を多く記載した。参考にして、文章組立の練習をしてほしい。

受検者の経験した工事の内容に即して、関与したことについて記述することが前提である（「あなたが経験した建築工事」で記載した**工事概要**に沿うこと）。

例題 1 あなたが現場で重点をおいた**品質管理活動**をあげ、それぞれ次の①から③について記述しなさい。

① 発注者から要望や設計図書などで要求された品質を実現するため、現場で定めた施工にあたっての**品質の目標**を具体的に記述しなさい。

② ①の品質の目標を達成するため、定めた**重点品質管理項目**と**定めた理由**を**工種名**とともに具体的に記述しなさい。

③ ②の重点品質管理項目について、品質管理のため**実施した内容**を具体的に記述しなさい。

例題1の記述例

［文例1］

① **品質の目標**

鉄筋の定着長さ、かぶり厚さ、余長の確保

② **重点品質管理項目と定めた理由、工種**

躯体本体で、鉄筋とコンクリートを組み合わせることで圧縮・引張・曲げ・せん断力を負担するため、その応力を維持し構造体の強度確保を図ることが要求されるため。

工種：鉄筋工事

③ 実施した内容

・鉄筋加工図、加工寸法を確認し、定着長さ、フックの角度、余長を計測確認した。

・鉄筋配筋後、壁・柱・梁のかぶり厚さの検査を計測確認した。

・鉄筋組立後、柱・梁筋の相互間隔、空き寸法を計測確認した。

［文例２］

① 品質の目標

鉄筋ガス圧接の施工精度の確保

② 重点品質管理項目と定めた理由、工種

躯体本体で、鉄筋とコンクリートを組み合わせることで圧縮・引張・曲げ・せん断力を負担するため、その応力を維持し構造体の強度確保を図ることが要求されるため。

工種：鉄筋工事

③ 実施した内容

・鉄筋ガス圧接工の資格者証を確認した。

・ガス圧接後の全数超音波探傷試験を実施し、合否判定を行い不合格品は再圧接した。

・隣接する鉄筋同士のガス圧接位置の距離を計測し、400 mm以上かどうか判定した。

・鉄筋の径の差が5 mm以内で、同一規格の鉄筋かどうかの判定を実施した。

［文例３］

① 品質の目標

コンクリートのひび割れ防止

② 重点品質管理項目と定めた理由、工種

ひび割れが生じると、中性化や空気中の炭酸ガスに反応しアルカリ成分が侵され耐久性が低下するため。

工種：コンクリート工事

③　実施した内容

・流動化剤入りの調合で、水セメント比の小さいコンクリートを使用した。
・外壁部には伸縮調整目地、構造スリットを適所に設けた。
・窓や開口部まわりにひび割れ防止用の目地と補強筋を適切に配置した。
・直射日光による熱射や、強風による急激な乾燥を防止するため壁やスラブを養生シートで覆った。
・スラブ筋や柱・梁筋の密集している箇所のコンクリート打設は、バイブレータにより十分締め固めた。
・スラブ・梁の支保工の解体は、コンクリート強度が100%発現したのを確認して実施した。

［文例4］

①　品質の目標

鉄骨の建て方の垂直精度の確保

②　重点品質管理項目と定めた理由、工種

鉄骨の建て方で垂直を確保することは計画建物の強度、機能、性能・安全性、仕上げなど、すべてに影響するため。

工種：鉄骨工事

③　実施した内容

・工場での製品検査で、高さ・長さや梁と柱のクリアランスの寸法を計測確認した。
・柱のベースモルタルの高さの精度を±1mm以内とした。
・歪み直し後、垂直精度を確保したまま本締めを行った。

［文例5］

①　品質の目標

鉄骨の不良溶接の防止と溶接強度の確保

②　重点品質管理項目と定めた理由、工種

鉄骨の構造耐力、耐久性、耐火性に対し欠陥のない接合部および定着部を確保するため。

工種：鉄骨工事

③　**実施した内容**

・鉄骨製作工場の溶接作業の有資格者のレベル、人数および溶接作業の実績、検査施設、組織等を確認した。

・工場にて溶接部の開先角度、粗さなどの加工状態の検査、溶接後の目視検査、超音波探傷検査を実施し確認をした。

・現場溶接は、温度環境、材種、溶接棒、溶接姿勢、板厚などを確認し、溶接後は超音波探傷試験で全数検査で確認した。

例題2　あなたが現場で実施した、重点的な品質管理活動の事例をあげ、それぞれ次の①から③について記述しなさい。

①　**発注者側の要求：**あなたの立場で理解した**発注者側の要望**を簡潔に記述しなさい。なお、発注者側の要望には、設計者、管理者、元請、営業、上司などから聞いたことや、設計図書などから読み取った内容も含むものとする。

②　**重点的な品質管理活動：**①の発注者側の要望に応えるため、あなたが現場で重点的に実施した**品質管理活動の内容**を具体的に記述しなさい。なお、品質管理活動の内容には、部位、作業内容などを含む記述とする。

③　**理由や経緯：**②の重点的な品質管理活動を①の発注者側の要望に、応えるものと**考えた理由や結びつけた経緯**を具体的に記述しなさい。

例題2の記述例

［文例1］

①　**発注者の要望**

壁ビニルクロスの剥がれが生じないようにすること。

②　**重点的な品質管理活動種**

湿気の多い場所や、外壁内側の面には、防カビ剤入り接着剤、防カビ剤入りシーラーを使用した。

③ 理由や経緯

せっこうボード直張り下地においては、一般的な接着剤や、ビニルクロス専用のシーラーを使用しても、湿気の多いところでは、ほこりの付着からカビが生じ剥がれる原因となるため。

［文例2］

① 発注者の要望

乾式置き床で居室や廊下の床鳴りを起こさないようにしてほしい。

② 重点的な品質管理活動

・間仕切り壁先行工法を原則とした（置き床の上に間仕切り壁を設けない）。
・設備配管の際に根太を欠損しない仕上げ寸法を確保した（設備配管は、躯体と直接接しないよう緩衝材で巻き、支持バンドで固定した）。

③ 理由や経緯

・床鳴りは、壁との関係で起こりやすい。下地合板は、壁下地と直接関係しないように、スクリューネイルなどの指定の釘で固定することが効果的であるため。
・ピアノなどの重量物を置く場合は、補強脚（防振アジャスター）を入れることが床鳴りに対して効果的であるため。

［文例3］

① 発注者の要望

外壁のタイルの剥離や浮きが生じないようにする。

② 重点的な品質管理活動

タイル自体の吸水率、付着力の確保、躯体の伸縮目地とタイルの伸縮目地の一体化、シーリング対策を重点管理した。

③ 理由や経緯

外壁は、水密性、機密性、断熱性、遮音性、耐風圧性、耐火性に対応するものなので、タイルが剥離脱落しては機能が発揮できず、下地に追従しなければ漏水の原因となりひび割れが発生するため。

【文例4】

① 発注者の要望

木工事における造作材の変形や割れが起きないこと。

② 重点的な品質管理活動

含水率の検査を行い、乾燥度をチェックし、現場で雨に濡れない保管場所を設定した。

③ 理由や経緯

変形や割れを防ぐため造作材はA種とし、含水率は15%未満まで工場で強制乾燥し、現場では、吸湿しない場所を保管場所に指定した。

【文例5】

① 発注者の要望

ビニル床タイル張りの剥がれや仕上げ材の変形等が起きないこと。

② 重点的な品質管理活動

モルタル下地の乾燥状態および、平滑状態の確認、砂ぼこりの撤去を行った。

③ 理由や経緯

剥がれや仕上げ材の変形などを起こさないためには下地の乾燥が重要で、コンクリート打設後28日、モルタル塗り後14日以上確保し、張付けは、室温を20度前後に保ち、プライマー処理後12時間後に3㎡ずつ接着剤をゴムべらで伸展して張った。

例題3　次の①から③に関し、あなたが実際に関与したことを記述しなさい。

① あなたの立場に求められた**管理項目**をあげなさい。ただしコストに関する記述は除くものとする。

② ①の管理目標を満足させるために、あなたが**実際に実施**したことを、具体的に記述しなさい。

③ ②の実際に**実施したことの確認**や**記録**をどのような方法で行ったか、具体的に記述しなさい。

例題3の記述例

［文例１］

① **管理項目**

山留め設置期間中の管理

② **実際に実施したこと**

周辺地盤の沈下、ひび割れ、山留め壁の変位、支保工の変形、壁の倒れ・はらみ、壁や根切り底からの漏水などを目視でチェックした。

③ **確認や記録の方法**

・山留め壁の倒れ、切張りの曲がりの測定、切梁側圧の計測を定期的に行った。
・盤のふくれやヒービングを発見するため、掘削底面のレベルや、盛り上がりを定時にチェックし記録した。

［文例２］

① **管理項目**

アースドリル杭の支持層の確認

② **実際に実施したこと**

一次スラム処理は底ざらいバケットで行い、二次はエアーリフト方式で8m³/分のエアーを送り込み、行った。

③　確認や記録の方法

バケットによりすくい上げた掘削土の砂利を確認し、砂礫層を目視確認した。

［文例３］

①　管理項目

鉄筋のガス圧接の管理

②　実際に実施したこと

目視検査で、膨らみはなだらかで、長さが1.1倍以上、膨らみは1.4倍以上、軸心のずれが1/5d以内を合格とし、軸心のずれが1/5dを超えたものは圧接部を切り取って再圧接した。

③　確認や記録の方法

全数目視検査を行い、1作業班が1日に施工した箇所数を1ロットとし、試験片の採取数を1ロットで3本とした。

［文例４］

①　管理項目

アスファルト防水の管理

②　実際に実施したこと

下地コンクリートが十分に乾燥していることを確認した。

③　確認や記録の方法

コンクリートの乾燥状態を高周波水分計を用いて測定し、その数値を記録として残した。

［文例５］

①　管理項目

モルタル面塗装の管理

② **実際に実施したこと**

モルタル面の塗装下地が十分に乾燥していることを確認した。

③ **確認や記録の方法**

乾燥とアルカリ強度が塗膜に影響を及ぼすため、高周波水分計で含水率10%以下を確認し、pH指示溶液でpHが9以下であることを確認した。

2 建設副産物

ここでは、例題1～6を設け、建設副産物についてできるだけ記述例を多く記載した。参考にして、文章組立の練習をしてほしい。

受検者の経験した工事の内容に即して、関与したことについて記述することが前提である（「あなたが経験した建築工事」で記載した**工事概要**に沿うこと）。

例題1 あなたが経験した建築工事のうち、建設副産物の**発生抑制**のための対策を実施した工事を1つ選び、工事概要を記入したうえで、次の問いに答えなさい。

上記の工事において、建設副産物の**発生抑制**のための対策として何を行ったか、あなたが実際に行ったそれぞれの事例について次の①から③の事項について具体的に記述しなさい。

① 扱った資材名または建設副産物名
② 取り組んだ対策とその具体的内容
③ 結果とあなたの評価

例題1の記述例

［事例1］

① **扱った資材名または建設副産物名**

型　枠

② **取り組んだ対策とその具体的内容**

基礎および地中梁に使用する型枠を合板型枠からラス型枠に変更し、合板の残材の発生を抑制した。

③ **結果とあなたの評価**

型枠の残材が減少し、現場の作業効率を上げることができた。また型枠解体工程がなかったので、工期を短縮することもできた。

[事例2]

① **扱った資材名または建設副産物名**

コンクリート塊(コンクリートがら)

② **取り組んだ対策とその具体的内容**

既存の基礎の撤去工事に際し、事前に調査・打合せを行い、最小限の解体量で済むような計画とした。

③ **結果とあなたの評価**

事前の施工計画を段取りよく行うことで、工事の省力化、工期の短縮化が可能になった。

[事例3]

① **扱った資材名または建設副産物名**

床型枠用鋼製デッキプレート

② **取り組んだ対策とその具体的内容**

各階床および屋根のコンクリート型枠を木製型枠から鋼製床デッキプレートに変更した。

③ **結果とあなたの評価**

型枠の加工がなくなったことにより、廃材の発生を削減することができた。また支保工の設置・解体が不要となったため、工期短縮も可能になった。

［事例４］

① **扱った資材名または建設副産物名**

軽量鉄骨下地材

② **取り組んだ対策とその具体的内容**

天井および壁の下地材において、現場での採寸をもとに、工場でプレカットして現場に搬入することで、現場での加工を減らし、また端材の発生を少なくした。

③ **結果とあなたの評価**

現場内の金属くずが減少したことで廃棄物の処理と整理が容易になった。また工期短縮を図ることもできた。

［事例５］

① **扱った資材名または建設副産物名**

建築資材の梱包材

② **取り組んだ対策とその具体的内容**

設備工事などの資材搬入の際、梱包を出来る限り簡素化し、段ボールやクッション材などの梱包材は持ち帰るよう指導した。

③ **結果とあなたの評価**

現場での廃棄物が大幅に減少し、片付け、運搬、処分の手間が削減でき、作業効率をあげることもできた。

例題２ あなたが経験した建築工事のうち、建設副産物の**再使用**のための対策を実施した工事を１つ選び、工事概要を記入したうえで、次の問いに答えなさい。

上記の工事において、建設副産物の**再使用**のための対策として何を行ったか、あなたが実際に行ったそれぞれの事例について次の①から③の事項について具体的に記述しなさい。

① 扱った資材名または建設副産物名
② 取り組んだ対策とその具体的内容
③ 結果とあなたの評価

例題2の記述例

［事例1］

① **扱った資材名または建設副産物名**

建設発生土

② **取り組んだ対策とその具体的内容**

基礎工事の際に発生する掘削土を場内に可能な限り保管し、埋め戻し土として再使用した。

③ **結果とあなたの評価**

搬入・搬出のための運搬作業が減り、工期短縮につながった。また埋戻し土の購入費用を減らすこともできた。

［事例2］

① **扱った資材名または建設副産物名**

余剰コンクリート

② **取り組んだ対策とその具体的内容**

生コン車に余ったコンクリートを使用して、敷地内の歩道平板ブロックを作製した。

③ **結果とあなたの評価**

舗装のためのコストを削減することができ、廃棄物の削減にも貢献できた。

［事例3］

① **扱った資材名または建設副産物名**

コンクリートがら

② 取り組んだ対策とその具体的内容

既存建物の解体時に発生したコンクリートがらをクラッシャーで砕き、仮設通路の路盤面材として再使用した。

③ 結果とあなたの評価

仮設通路の走行性を向上させることができ、工事車両の通行がスムースになり、工事環境を良好にすることができた。

［事例4］

① 扱った資材名または建設副産物名

足場板

② 取り組んだ対策とその具体的内容

工事完了後、足場撤去の際に、足場板を他の現場でそのまま使用できるよう手配した。

③ 結果とあなたの評価

木材を廃棄することなく、木材の使用削減ができたので、環境負荷低減にも貢献できた。

［事例5］

① 扱った資材名または建設副産物名

木材端材

② 取り組んだ対策とその具体的内容

造作用合板の端材を壁仕上げ後コーナーや建具枠の養生材として再使用した。

③ 結果とあなたの評価

新規の養生シートを減らすことができ、材料費の削減ができた。また仕上げ養生の労務費削減にもつながった。

例題３　あなたが経験した建築工事のうち、建設副産物の**再生利用**のための対策を実施した工事を１つ選び、工事概要を記入したうえで、次の問いに答えなさい。

上記の工事において、建設副産物の**再生利用**のための対策として何を行ったか、あなたが実際に行ったそれぞれの事例について次の①から③の事項について具体的に記述しなさい。

①　扱った資材名または建設副産物名

②　取り組んだ対策とその具体的内容

③　結果とあなたの評価

例題３の記述例

［事例１］

① **扱った資材名または建設副産物名**

杭残土（汚泥）

② **取り組んだ対策とその具体的内容**

「建設汚泥場内再生利用計画書」を作成し、セメント系固化材で安定処理をしたうえで、埋戻し土として再生利用した。

③ **結果とあなたの評価**

産業廃棄物処分費の削減に加え、埋戻し土用の購入土も不要になったのでコストダウンを図ることができた。また工期を短縮することもできた。

［事例２］

① **扱った資材名または建設副産物名**

金属くず

② **取り組んだ対策とその具体的内容**

鉄・ステンレス・アルミ・その他に分別回収を徹底し、スクラップ業者に回収させた。

③　結果とあなたの評価

現場での廃棄物の分別処理が徹底され、職人達の再生利用の意識が高まり、資源を循環的に利用するという企業の社会的使命に貢献できた。

【事例3】

①　扱った資材名または建設副産物名

アスファルト塊（アスファルト破片）

②　取り組んだ対策とその具体的内容

既存駐車場の解体で発生したアスファルト破片を路床材と分別し、アスファルト再資源化施設に搬送した。

③　結果とあなたの評価

廃棄物が再資源化でき、コスト削減や環境保全において有効活用できた。

【事例4】

①　扱った資材名または建設副産物名

建設発生木材

②　取り組んだ対策とその具体的内容

分別回収し、再生工場に引き取らせ、パーティクルボードや木毛セメントに再生させた。

③　結果とあなたの評価

資源の有効活用ができ、コスト削減にもつながった。また森林保護という社会貢献にも寄与できた。

【事例5】

①　扱った資材名または建設副産物名

せっこうボード片

② 取り組んだ対策とその具体的内容

内装工事で発生したボード片をボードメーカーに引き取ってもらい、新規のせっこうボードとして他の現場で利用する計画とした。

③ 結果とあなたの評価

廃棄ボードを削減でき、他の現場でも利用することもできたので、コスト削減につながった。

例題 4 あなたの経験に照らして、建設副産物の**熱回収**をどのように行ったらよいか、熱回収の方法を建設資材名または建設副産物名をあげて具体的に記述しなさい。

ただし、建設発生土と一般廃棄物に関する記述は除くものとする。

例題4の記述例

［事例1］

① **建設資材名または建設副産物名**

木くず

② **熱回収の方法**

分別集積を徹底し、業者の回収を容易にしたうえ、燃料化施設へ持ち込む。

［事例2］

① **建設資材名または建設副産物名**

梱包段ボールや紙くず

② **熱回収の方法**

きめ細かい分別回収を行い、再生利用できないものを熱回収する業者に引き渡す。

［事例３］

① **建設資材名または建設副産物名**

廃プラスチック

② **熱回収の方法**

廃プラスチックを専用に取り扱う業者に引き取らせ、熱回収分別処理を実施する。

例題５　あなたの経験に照らして、建設副産物の**適正処分**をどのように行ったらよいか、適正処分の方法を建設資材名または建設副産物名をあげて具体的に記述しなさい。
ただし、建設発生土と一般廃棄物に関する記述は除くものとする。

例題５の記述例

［事例１］

① **建設資材名または建設副産物名**

産業廃棄物

② **適正処分の方法**

産業廃棄物用のコンテナを複数用意し、種類ごとに分別・保管する。処理は許可を受けている運搬・処分業者に委託する。

［事例２］

① **建設資材名または建設副産物名**

汚　泥

② **適正処分の方法**

杭打ち時に発生した汚泥を、マニフェストを発行し、許可を受けた業者のバキュームカーで、産廃処分の許可を有する処分場で処分する。

［事例３］

① 建設資材名または建設副産物名

梱包段ボール

② 適正処分の方法

一般ゴミと区別するよう、分別回収を徹底し、古紙回収業者に引き取ってもらう。

［事例４］

① 建設資材名または建設副産物名

養生シートや繊維くずなど

② 適正処分の方法

マニフェストを発行し、許可を受けた業者に委託し、返送された書類で適正な処分が行われていることを確認する。

例題６ あなたの経験に照らして、建築現場では**環境問題**においてどのような環境負荷低減の取組みを行うべきか、下記の５つの環境問題について具体的に記述しなさい。

ただし、取組みについては、それぞれ異なる内容の記述とする。

・地球温暖化

・熱帯林の減少

・大気汚染

・水質汚染

・資源の枯渇

例題６の記述例

［地球温暖化］

例① 二酸化炭素の排出抑制のため、資材や機材を運搬する車両のアイドリングを禁止する。

例② 二酸化炭素の排出抑制のため、作業員や従業員の通勤は電車やバスなどの公共交通機関の利用を推奨し、ガソリンの消費を削減させる。

例③ 二酸化炭素の排出抑制のため、早期に電力会社から仮設電源を受電し、仮設発電機の運転を減らす。

例④ 二酸化炭素の排出抑制のため、現場の仮設照明や詰所の照明はこまめに消灯し節電する。

例⑤ 二酸化炭素の排出抑制のため、仮設事務所や詰所を外断熱として施工し、エアコンの稼働時間を低減させる。

［熱帯林の減少］

例① 合板型枠やラワン材の使用を減らすため、床型枠をデッキプレートの型枠材に変更する。

例② 合板型枠やラワン材の使用を減らすため、外壁やベランダに鋼製型枠を使用する。

例③ 合板型枠やラワン材の使用を減らすため、型枠に塗装合板を使用し、剥離剤を丁寧に塗り、転用回数を増やせるようにする。

例④ 合板型枠やラワン材の使用を減らすため、基礎や地中梁はメッシュ型枠を使用する。

［大気汚染］

例① 二酸化窒素の発生をなくすため、建設機械のアイドリング、空ぶかしを禁止する。

例② ダイオキシンの発生をなくすため、発生材の塩化ビニル製の廃棄物を廃棄物処理業者に委託して焼却させる。

例③ 有害物質発生をなくすため、外壁の塗料を有機溶剤のものから水性溶融エマルション系のものに変更する。

例④ 粉塵の発生を抑えるため、下地の研磨では、集塵装置付きの工具を採用する。

［水質汚染］

例① 場所打ち杭の廃液等の流出を防止するため、沈殿槽の汚泥等は、バキュームカーを用いて、廃棄物処理業者に処理を依頼する。

例② 地下工事の湧水は、沈砂槽を通してpHを確認しながら下水に排水する。

例③　建設機械等の洗浄水は、沈殿槽を通して有害物の有無を確認して排水する。

例④　敷地内の雨水は、洗浄水と混ざらないように排水系統を分けて側溝に流す。

［資源の枯渇］

例①　基礎や土間下の地業工事に再生砕石やコンクリートの破砕材を再利用する。

例②　木材の端材をチップ化工場に搬入し、再生利用する。

例③　金属くずは分別を徹底して回収し、再生利用する。

例④　資材の包装の簡略化を促し、回収可能なパレット方式にする。

3　施工の合理化

ここでは、例題1～3を設け、施工の合理化についてできるだけ記述例を多く記載した。参考にして、文章組立の練習をしてほしい。

受検者の経験した工事の内容に即して、関与したことについて記述することが前提である（あなたが経験した建築工事で記載した**工事概要**に沿うこと）。

例題1　あなたが現場で実施した**施工の合理化**をあげ、それぞれ次の①から⑤について記述しなさい。

①　工種、部位等
②　実施した内容
③　品質確保のための留意事項
④　施工の合理化となる理由
⑤　施工の合理化以外に得られた副次的効果

例題1の記述例

［文例1］

①　**工種、部位等**

土工事　山留め支保工

② 実施した内容

水平切梁工法を地盤アンカー工法に変更した。

③ 品質確保のための留意事項

品質確保のため、削孔はケーシングを用いて孔壁の曲がりや崩壊を防止し、清水による孔内の洗浄後に引張材を緩みや過大な曲がりが生じないように丁寧に挿入し、引張材の緊張はグラウト材の強度発現を確認した後に行った。

④ 施工の合理化となる理由

山留め壁に作用する土圧などの側圧に対し、切梁を用いずに地盤アンカーにより抵抗させることで、施工時の作業性が大幅に改善され、大型の施工機械も使用でき、施工能率が向上し、工期短縮することができるため。

⑤ 施工の合理化以外に得られた副次的効果

広い作業空間が確保できたことで地中部の分割による施工が軽減され、精度の高い躯体品質が確保でき、コストが削減できた。

［文例２］

① 工種、部位等

杭工事　杭頭処理

② 実施した内容

場所打ちコンクリート杭における杭頭処理を従来のはつり作業から杭頭処理用静的破砕剤を用いた余盛りコンクリートの撤去作業に変更した。

③ 品質確保のための留意事項

杭天端の品質確保のため、破砕剤は杭天端より100 mm程度上部に取り付け、破砕面から上部の余盛りの撤去後に杭天端まで残りの余盛り部分は手はつりにより撤去した。

④　**施工の合理化となる理由**

杭鉄筋籠に設置した破砕剤の膨張により杭頭部に亀裂を発生させて余盛り部を撤去するため、破砕機によるはつり作業時の振動、騒音および粉塵を抑え、作業員の省力化と工期短縮ができるため。

⑤　**施工の合理化以外に得られた副次的効果**

はつり作業時の振動、騒音および粉塵発生量が軽減でき、作業環境の改善および近隣住民の生活環境に配慮ができた。

［文例３］

①　**工種、部位等**

型枠工事　スラブ型枠

②　**実施した内容**

スラブ型枠を合板型枠からフラットデッキプレート型枠に変更した。

③　**品質確保のための留意事項**

品質確保のため、フラットデッキの敷込み時に、縦桟木による支持梁側面型枠の補強、エンドクローズ部の掛かり代および端部の梁内への10 mmののみ込み代の確保、オフセット寸法が40 mm以下で釘打ちにより固定した。

ワンポイントアドバイス

のみ込み代

打設時における型枠締め固め不具合や衝撃荷重によるデッキの落下、梁断面に対する断面欠損を考慮して、監理者承諾のうえ、梁側面を増打ちし、増打ち部へ20 mmののみ込み代を確保するなどを行っている現場もある。

④　**施工の合理化となる理由**

フラットデッキプレートの使用は、スラブ下の支保工および型枠解体手間の削減となり、省力化・工期短縮できるため。

⑤　**施工の合理化以外に得られた副次的効果**

捨て型枠とすることで、合板型枠の廃材が低減でき森林保護や環境保全に貢献できた。

［文例4］

①　**工種、部位等**

鉄筋工事　柱筋、梁筋の継手

②　**実施した内容**

柱および梁主筋の継手をガス圧接継手から機械式継手に変更した。

③　**品質確保のための留意事項**

カプラーへの鉄筋の挿入長さおよびグラウト材の漏れにより接合を確認し、配筋においてカプラー部分の鉄筋のあき、かぶり厚さの管理を行った。

④　**施工の合理化となる理由**

機械式継手は、雨天時でも施工が可能で高度な技能も不要なので、圧接工の削減、工期短縮することができるため。

⑤　**施工の合理化以外に得られた副次的効果**

機械式継手に用いる鋼製のカプラーは工場生産でばらつきが少なく、高度な技量が不要なので、作業にかかる人件費の低減ができた。

［文例5］

①　**工種、部位等**

鉄筋工事　鉄筋組立て

②　**実施した内容**

敷地内にスペースがあるので、鉄筋の組立てを直組み鉄筋工法から先組み鉄筋工法に変更した。

③　品質確保のための留意事項

組立て鉄筋の内側に斜め補強筋を番線結束してクレーンつり込み時の鉄筋位置を保持し、ねじれや変形を防止した。

④　施工の合理化となる理由

先組みした部材を移動式クレーンにより据付けていくので、省力化、工期短縮ができるため。

⑤　施工の合理化以外に得られた副次的効果

先組み工法により、鉄筋建込み前に配筋状況の確認ができ、間違いなどによる手戻りや是正作業の低減ができた。

例題２　あなたが現場で実施した**施工の合理化**をあげ、それぞれ次の①から④について記述しなさい。

①　工種、部位等
②　実施した内容
③　合理化となる理由
④　品質が確保できる理由

例題２の記述例

［文例１］

①　工種、部位等

型枠工事　外壁型枠

②　実施した内容

外壁面が隣地境界と近接しているので、外壁の合板型枠からオムニア板を用いて捨て型枠とした。

③　合理化となる理由

オムニア板を用いることで、外部足場を削減し、仕上材と兼用とすることで外壁の仕上工事および型枠などの廃材の削減となり工期短縮ができるため。

④　**品質が確保できる理由**

オムニア板は工場製作によるPC板で強度も高く、トラス筋により鉄筋のかぶり厚さが確保され、コンクリート打込みで一体となることで、所要の品質を確保することができるため。

［文例2］

①　**工種、部位等**

鉄筋工事　基礎梁あばら筋

②　**実施した内容**

基礎梁のあばら筋を現場組立てから工場製作の二線溶接工法による組立てに変更した。

③　**合理化となる理由**

工場溶接したメッシュ状の溶接鉄筋を搬入し、工事現場にて所定の位置に配置して組み立てるのであばら筋の結束作業が低減でき、作業性も向上し、省力化、工期短縮ができるため。

④　**品質が確保できる理由**

工場管理によるメッシュ状の溶接鉄筋とすることで、鉄筋間隔の精度が高く安定した品質が得られ、フックによる定着が不要で梁主筋の施工も容易になり、配筋精度が確保されるため。

［文例3］

①　**工種、部位等**

コンクリート工事

②　**実施した内容**

部材断面が小さく過密配筋となる箇所が多く、密実なコンクリート打設が困難なため、普通コンクリートから高流動コンクリートに変更した。

③ **合理化となる理由**

高流動コンクリートは、非常に高い流動性があり、充填性にも優れているので、型枠内のコンクリート充填において、振動や締固め作業が不要となり、省力化ができるため。

④ **品質が確保できる理由**

高流動コンクリートは、充填性に優れ、材料の分離も少ないため、豆板や巣などができにくく、高品質の構造体コンクリートを得ることができるため。

例題３ 省力化や工期短縮を図るためにあなたが現場で実施した**施工方法の変更や使用材料の変更による施工の合理化**をあげ、それぞれ次の①から③について記述しなさい。

① 工種、部位等
② 実施した具体的内容
③ 省力化や工期短縮となる理由

例題３の記述例

［文例１］

① **工種、部位等**

内装工事　内装材

② **実施した具体的内容**

壁や天井の下地に使用するせっこうボードを現場裁断から工場でのプレカットとし、現場搬入後、取り付けた。

③ **省力化や工期短縮となる理由**

工場でのプレカットとすることで、現場における採寸や裁断の手間の省力化となり工期短縮ができる。また、端材の発生量の削減となるため。

［文例２］

① 工種、部位等

防水工事　屋上防水

② 実施した具体的内容

アスファルト防水を改質アスファルト防水トーチ工法に変更した。

③ 省力化や工期短縮となる理由

アスファルト溶解釜を必要とせず、バーナーにより単層の改質アスファルトを張り付ける工法で、労働力の省力化および工期短縮ができる。

［文例３］

① 工種、部位等

石工事　外壁

② 実施した具体的内容

外壁の石張り工事を湿式工法から乾式工法に変更した。

③ 省力化や工期短縮となる理由

乾式工法とすることで、モルタル等の養生期間がなく、天候に左右されない施工が可能となり工期短縮となる。また、取付けはファスナーなどの取付金具により、一定の品質確保ができ、熟練工以外でも施工可能で省力化となる。

［文例４］

① 工種、部位等

建具工事　サッシ、ガラス

② 実施した具体的内容

サッシのガラスを現場はめ込みから工場はめ込みに変更した。

③　**省力化や工期短縮となる理由**

工場であらかじめサッシにガラスを取り付けることにより、現場での寸法調整や取付けに要する労力の省力化が図れ、工期短縮となる。また、工場での加工により、施工精度の良い品質が得られるため。

［文例５］

①　**工種、部位等**

タイル工事、外壁

②　**実施した具体的内容**

外壁のタイル張りをタイル型枠先付け工法に変更した。

③　**省力化や工期短縮となる理由**

事前に型枠内にタイルを取り付け、コンクリート打設を行うことで、外壁タイル張り作業が省力化でき、工期短縮を図ることができる。また、コンクリートと一体に打ち込むことで、タイルの確実な接着性の確保と白華の発生を抑えることができるため。

［文例６］

①　**工種、部位等**

左官工事、セルフレベリング材

②　**実施した具体的内容**

床の下地調整にセルフレベリング材を使用した。

③　**省力化や工期短縮となる理由**

セルフレベリング材は、セルフレベリング性・流動性に優れており短時間で平滑な床下地が得られ、施工にも高度な技能が不要で省力化、工期短縮が図れるため。

［文例７］

① **工種、部位等**

内装工事、RC造外壁内部仕上げ下地材

② **実施した具体的内容**

鉄筋コンクリート造において、結露のおそれがない外壁内部仕上げの軽量鉄骨壁下地をGL工法（せっこうボード直張り工法）に変更した。

③ **省力化や工期短縮となる理由**

GL工法は壁面にせっこうボードを直接圧着する工法で、壁面の不陸調整、下地の骨組工事が不要となり省力化が図れ、張付け作業も単純で工期短縮ができる。

［文例８］

① **工種、部位等**

型枠工事、地中梁

② **実施した具体的内容**

地中梁の型枠を合板型枠からラス型枠の捨て型枠に変更した。

③ **省力化や工期短縮となる理由**

ラス型枠を捨て型枠として使用することで、型枠の撤去工事がなくなり工期短縮が図れ、廃材も出ない。

ワンポイントアドバイス

例題３では、品質確保は問われていないが、各工事の品質確保についても記述できるよう準備しておく。

1-3 経験記述の演習問題Ⅰ

1 品質管理

演習問題1 あなたが経験した**建築工事**のうち、発注者からの要望や設計図書等で要求された品質を実現するために**品質管理活動**を行った工事を1つ選び、下記の工事概要を記入したうえで、次の問いに答えなさい。なお、**建築工事**とは、建築基準法に定める建築物に係る工事とする。ただし、建築設備工事を除く。

〔工事概要〕

イ．工事名

ロ．工事場所

ハ．工事の内容

ニ．工期（年号または西暦で年月まで記入）、あなたの立場

1. 工事概要であげた建築工事において、あなたが現場で重点をおいた品質管理活動を2つあげ、それぞれ次の①から③について記述しなさい。

ただし、2つの品質管理活動に関する記述の内容は、異なるものとする。

① 発注者からの要望や設計図書等で要求された品質を実現するため、現場で定めた施工にあたっての品質の目標を具体的に記述しなさい。

② ①の品質の目標を達成するため、定めた重点品質管理項目と定めた理由を工種名とともに具体的に記述しなさい。

③ ②の重点品質管理項目について、品質管理のため実施した内容を具体的に記述しなさい。

2. 工事概要であげた工事にかかわらず、あなたの今日までの工事経験に照らして、次の①、②について簡潔に記述しなさい。

① 現場作業所で品質管理活動を組織的に行うには、どのようにしたらよいと思いますか。あなたの考えを記述しなさい。

② クレーム等のない、顧客の信頼を得られる建物を提供することは、施工者にとってどのような意味をもちますか。あなたの考えを記述しなさい。

〔工事概要〕の記述例

イ．工事名

○○○ビル新築工事

ロ．工事場所

東京都○○区○○町○－○－○

ハ．工事の内容

建物用途	事務所
構　造	鉄筋コンクリート造
階　数	地下1階、地上8階建て
延べ面積または施工数量	826.4㎡
主な外部仕上げ	45角外装タイル
主要室の内部仕上げ	床：タイルカーペット 壁：ビニールクロス張り 天井：ロックウール化粧吸音張り

ニ．工期（年号または西暦で年月まで記入）

20○○年○○月～20○○年○○月

ホ．あなたの立場

現場監督員

注意！

〔工事概要〕の例文中では、具体的な工事名、工事場所は伏せてあるが、実際の答案には詳細を記入すること。

1.の記述例

［記述例1］

① **品質の目標**

屋上防水の耐用年数の確保

② **重点品質管理項目と定めた理由、工種**

防水層を破壊する原因となるものを排除する。雨漏りの原因となるため。

工種：防水工事

③ **実施した内容**

下地コンクリート面を平滑で凸凹のないようにした。凸凹のある場合は、サンダーなどで平滑にし、鉄線、番線などの突起物、粗骨材、モルタルなどのこぼれを除去した。

［記述例2］

① **品質の目標**

躯体の耐力・耐久性の確保

② **重点品質管理項目と定めた理由、工種**

コンクリート打設時、締固めが不備であると空洞・豆板・コールドジョイントなどの欠陥が生じ、地震時などに建物の倒壊原因となるため。

工種：コンクリート工事

③ **実施した内容**

コンクリート棒形振動機は、打込み各層ごとに用い、その下層に振動機の先端が入るまで、ほぼ垂直に差し込み、5秒から10秒程度で、コンクリートの穴を残さないように徐々に引き抜いた。

2.の記述例

① 現場担当者会議で、設計図書を十分理解して施工の手順を確認し、担当部分のみでなく前後関係をともに把握し、食い違いが生じないように施工する。

② 施工者ならびに建設業を営むものとして、信用を得ることにより、次の営業につながり、高い社会的貢献の礎を築く。

演習問題 2　あなたが経験した**建築工事**のうちから 1 つ選び、工事概要を記入したうえで、**品質のよい建物を提供するため**に行った**品質管理**について、次の問いに答えなさい。

なお、**建築工事**とは、建築基準法に定める建築物に関わる工事とする。ただし、建築設備工事を除く。

〔工事概要〕

イ．工事名

ロ．工事場所

ハ．工事の内容

新築等の場合：建物用途、構造、階数、建築面積・延べ面積または施工数量、主な外部仕上げ、主要室の内部仕上げ

改修等の場合：建物用途、主な改修内容、施工数量または建物規模

ニ．工期（年号または西暦で年月まで記入）

ホ．あなたの立場

1. 工事概要であげた工事について、あなたが設計図書、施工図、施工要領書などから確認し、管理した**重要品質**（**建物の重要な性能**）を **2 つあげ**、それぞれ次の①から③について具体的に記述しなさい。

ただし、2 つの重要品質に関する記述の内容は、それぞれ異なるものとする。

① 重要品質として採りあげた理由

② あなたが採りあげた重要品質に関する品質管理活動を行うにあたって、定めた管理項目とそれに関わる工種名、およびその管理項目を定めた理由

③ ②の管理項目をどのように管理したか。

2. 工事概要にあげた工事にかかわらず、あなたの今日までの工事経験に照らして、次の①、②について簡潔に記述しなさい。

① 品質のよい建物を提供するためには、どのような施工を行うことが必要だと考えますか。

② 品質のよい建物を提供することは、施工者にとってどのような意味をもつと考えますか。

〔工事概要〕の記述例

イ．工事名

〇〇〇マンション新築工事

ロ．工事場所

横浜市〇〇区〇〇町〇－〇－〇

ハ．工事の内容

建物用途	共同住宅
構　造	鉄筋コンクリート造
階　数	地上6階建て
建築面積・延べ面積	建築面積：362.5㎡ 延べ面積：1,883㎡
主な外部仕上げ	45角二丁掛けタイル張り
主要室の内部仕上げ	居室床：フローリング張り 壁、天井：プラスターボード下地ビニールクロス張り

ニ．工期（年号または西暦で年月まで記入）

20〇〇年〇〇月～20〇〇年〇〇月

ホ．あなたの立場

現場代理人

注意！

〔工事概要〕の例文中では、具体的な工事名、工事場所は伏せてあるが、実際の答案には詳細を記入すること。

1.の記述例

［記述例1］ 重要品質：外壁コンクリート打設時の窓まわりの仕上り確保

① **採りあげた理由**

当該建物外壁は、主にコンクリート打放し仕上げのため、打放しの精度が即仕上げ状態になるため。

② **定めた管理項目**

打込み時の打設方法管理

関係する工種名

コンクリート工事

管理項目を定めた理由

開口部まわりのじゃんかや空洞を失くし、ひび割れなども生じさせないようにするため。

③ **管理の方法**

壁の垂直部分は、コンクリートの落下高さを低くして打ち込み、できるだけ中心部に落とし込み締め固めること。1回の打上げ高さを小さくし、十分締め固めた後、打ち足し、打込み区画の墨や端部から打ち込み始めることを指示し、確認した。

［記述例2］ 重要品質：屋根アスファルト防水立上り部分の防水処理性能の確保

① **採りあげた理由**

立上り部の押さえを伴う防水機能の確保

② **定めた管理項目**

伸縮調整目地と、れんが押さえの施工精度の確保

関係する工種名

防水工事

管理項目を定めた理由

伸縮調整目地による防水層破断、防水層の立上り不足などによる雨漏り事故をなくすため。

③ **管理の方法**

れんが積みは、平面部の押さえコンクリートの上にセメントモルタルで

基礎を作り天端を平坦にし、れんがを立上り防水層から20mm以上離して半枚積みとし、各段ごとにその間隙にセメントモルタルを充填するように指示した。

2. の記述例

① **どのような施工**

施工計画に基づく工程を管理しながら、施工の品質を高めていくことが必要である。常に問題意識をもち、発生した問題については、社内で共有し、よりよい解決を目指す努力を怠らず、施工に生かしていくことが重要である。

② **どのような意味**

よい品質を目指し、提供することは、施工者の技術アップにつながることである。同時に、よりよい施工を目指す姿勢を顧客に伝えることでもある。より多くの仕事に出会え優れた技術者になることができるという意味をもつと考える。

演習問題 3　あなたが経験した**建築工事**のうち、発注者側の要望に結びつく品質管理を行った工事を1つ選び、下記の工事概要を記入したうえで、次の問いに答えなさい。

〔工事概要〕

イ．工事名

ロ．工事場所

ハ．工事の内容　新築等の場合：建物用途、構造、階数、建築面積・延べ面積または施工数量、主要な外部仕上げ、主要室の内部仕上げ
改修等の場合：建物用途、主な改修内容、施工数量または建物規模

ニ．工期（年号または西暦で年月まで記入）

ホ．あなたの立場

1. 上記の工事概要であげた工事において、あなたが現場で実施した、重

点的な品質管理活動の事例を3つあげ、それぞれ次の①から③について記述しなさい。

ただし、3つの事例は、それぞれ異なる内容の記述とする。

① 発注者側の要望

あなたの立場で理解した**発注者側の要望**を簡潔に記述しなさい。

なお、発注者側の要望には、設計者、監理者、元請、営業、上司等から聞いたことや、設計図書等から読み取った内容も含むものとする。

② 重点的な品質管理活動

①の発注者側の要望に応えるため、あなたが現場で重点的に実施した**品質管理活動の内容**を具体的に記述しなさい。

なお、品質管理活動の内容には、部位、作業内容等を含む記述とする。

③ 理由や経緯

②の重点的な品質管理活動を①の発注者側の要望に、応えるものと**考えた理由**や**結びつけた経緯**を具体的に記述しなさい。

2. 上記の工事にかかわらず、あなたの今日までの工事経験を踏まえて、品質に関する発注者側の要望や、それを実現するための現場の重点品質管理活動の内容を**協力業者に確実に伝達するため**、**その手段**や**方法**はどうあるべきか。現場作業所の活動と現場から社内関連部署への要請とに分けて、それぞれ具体的に記述しなさい。

なお、協力業者は、下請業者、取引業者、納入業者、専門工事業者等とする。

〔工事概要〕の記述例

イ．工事名

○○○専門学校新築工事

ロ．工事場所

大阪市○○区○○町○－○－○

ハ．工事の内容

建物用途	学校（専門学校）
構　造	鉄骨鉄筋コンクリート造
階　数	地下1階、地上10階建、塔屋1階
建築面積・延べ面積	建築面積：504㎡、延べ面積：4,048㎡
主な外部仕上げ	正面：アルミカーテンウォール 側面：45角磁器タイル張り
主要室の内部仕上げ	教室：ビニル床タイル 壁：ビニールクロス張り、 天井：ロックウール化粧吸音張り

ニ．工期（年号または西暦で年月まで記入）

20○○年○○月～20○○年○○月

ホ．あなたの立場

現場主任

注意！

〔工事概要〕の例文中では、具体的な工事名、工事場所は伏せてあるが、実際の答案には詳細を記入すること。

1.の記述例

[記述例1]

① 発注者の要望

外部から当ビルを見たとき景色が美しく映えるようにしてほしいとの要望。

② 重点的な品質管理活動

マリオン方式のカーテンウォールのガラスにはミラーガラスを用いるため、トランシーバーで、離れた場所から映像を見ながら指示し、映り具合を調整しながら、ミラーガラスを溝の中にガラスクリップとキャンバーで固定して、平滑性を確保した。

③ 理由や経緯

ミラーガラスに映る映像が乱れないように、どの角度から見ても景色が自然の状態で見えることが必要なため。

[記述例2]

① 発注者の要望

屋上部に水たまりが生じないように施工してほしいとの要望。

② 重点的な品質管理活動

水勾配を躯体で1/100取り、防水下地の平滑性と乾燥度の徹底管理、アスファルト施工の重点管理を行った。

③ 理由や経緯

躯体施工図作成の段階で設備機械台等とドレインの関係を解決しておき、雨水がスムーズに流れるようにしておいた。

[記述例3]

① 発注者の要望

教室床は、変質や剥がれが生じないようにしてほしいとの要望。

② 重点的な品質管理活動

コンクリートの乾燥を4週間待ち、下地モルタルの乾燥が8.5%であることを高周波水分計で確認し、アルカリ度もpH8.5を確認し剥離事故につながらないように重点管理を行った。

③　理由や経緯

コンクリートとモルタルの未乾燥は、水分蒸発とアルカリ度により接着力の低下と変質を招き、剥離の原因となるため、乾燥期間を十分とって施工した。

2. の記述例

［記述例1］

①　現場作業所の活動

1週間に1回、発注者、設計事務所を含む関係者による定例会議を開催し、進捗状況、施工段階の検査事項や結果報告、質疑事項、その他その会議で協議した事項を協力会社に伝え、検討会として指導および伝達を行っている。

②　現場から社内関連部署への要請

現場から本社には、1週間に一度出向き、進捗状態に伴う工事監理者からの指摘、要望事項等を社内の品質担当者に報告している。

［記述例2］

①　現場作業所の活動

施工計画書と品質管理計画書を作成し、管理値を設定し、その具体的な達成方法を提示し、協力業者に施工要領書を作成させて、確認・指導を行っている。

②　現場から社内関連部署への要請

日常の業務内容を作成して、社内の関連部署にメールで配信し、定期的に社内連絡会議を開催し、指示・要望を確認している。

演習問題 4　あなたが経験した**建築工事**のうち、品質管理にたずさわった工事を１つ選び、下記の工事概要を記入したうえで、次の問いに答えなさい。

なお、建築工事とは、建築基準法に定める建築物に係る工事とする。ただし、建築設備工事を除く。

〔工事概要〕

イ．工事名

ロ．工事場所

ハ．工事の内容
- 新築等の場合：建物用途、構造、階数、建築面積・延べ面積または施工数量、主な外部仕上げ、主要室の内部仕上げ
- 改修等の場合：建物用途、主な改修内容、施工数量または建物規模

ニ．工期（年号または西暦で年月まで記入）

ホ．あなたの立場

ヘ．あなたの具体的な業務内容

1. 上記の工事概要であげた工事において、次の①～③に関し、あなたが実際に関与したことを 2 つ記述しなさい。

① 上記の建物の品質について、ホ．で記述したあなたの立場に求められた管理項目をあげなさい。
　ただし、コストに関する記述は除くものとする。

② ①の管理項目を満足させるために、あなたが実際に実施したことを具体的に記述しなさい。

③ ②の実際に実施したことの確認や記録をどのような方法で行ったか、具体的に記述しなさい。

2. 上記の工事にかかわらず、あなたの経験に照らして、**品質に関する顧客の満足を向上させる**ため、建築工事における組織の活動はどうあるべきか、あなたの考えを記述しなさい。

〔工事概要〕の記述例

イ．工事名

札幌○○○ビル新築工事

ロ．工事場所

札幌市○○区○○町○－○－○

ハ．工事の内容

建物用途	事務所
構　造	鉄筋コンクリート造
階　数	地上６階建て
建築面積・延べ面積	建築面積：285㎡ 延べ面積：1,466.5㎡
主な外部仕上げ	外壁：小口タイル張り 屋上：アスファルト防水歩行用
主要室の内部仕上げ	床：OAフロア・タイルカーペット 壁：ビニールクロス張り 天井：ミネラートン張り

ニ．工期（年号または西暦で年月まで記入）

20○○年○○月～20○○年○○月

ホ．あなたの立場

工事主任

ヘ．あなたの具体的な業務内容

工事管理全般

注意！
〔工事概要〕の例文中では、具体的な工事名、工事場所は伏せてあるが、実際の答案には詳細を記入すること。

1.の記述例

［記述例1］

① **管理項目**

鉄筋の配筋組立精度の管理

② **実際に実施したこと**

鉄筋の組立て加工図を作成し、特に鉄筋量が多い箇所で鉄筋の間隔やかぶり厚さがとれているかどうかの確認をした。

③ **確認や記録の方法**

配筋完了後、施工図の通りに加工されていることを確認してから写真撮影し、品質管理記録として残した。

［記述例2］

① **管理項目**

アスファルト防水の管理

② **実際に実施したこと**

下地のコンクリートが十分乾燥していることの確認をした。

③ **確認や記録の方法**

コンクリートの乾燥状態を高周波水分計を用いて測定し、問題がないことを確認してその数値を記録して残した。

2.の記述例

品質管理について経験したことを、1現場だけの活動で終わらせるのではなく、継続的に品質を向上させるため、社内の標準化を進め、よい経験を会社全体で共有するように取り組むべきである。

2 建設副産物

演習問題 5 建設業においては、高度成長期に大量に建設された建築物の更新や解体工事に伴う建設副産物の発生量の増加が想定されることから、建設副産物対策への更なる取組みが求められている。

あなたが経験した建築工事のうち、施工にあたり建設副産物対策を施工計画の段階から検討し実施した工事を1つ選び、工事概要を具体的に記述したうえで、次の問いに答えなさい。

なお、建築工事とは、建築基準法に定める建築物に係る工事とし、建築設備工事を除くものとする。

〔工事概要〕

イ．工事名

ロ．工事場所

ハ．工事の内容
（新築等の場合：建物用途、構造、階数、延べ面積または施工数量、主な外部仕上げ、主要室の内部仕上げ
改修等の場合：建物用途、建物規模、主な改修内容および施工数量）

ニ．工期（年号または西暦で年月まで記入）

ホ．あなたの立場

1. 工事概要であげた工事において、あなたが実施した建設副産物対策に係る3つの事例をあげ、それぞれの事例について、次の①から④を具体的に記述しなさい。

ただし、3つの事例の③および④はそれぞれ異なる内容の記述とする。

なお、ここでいう①建設副産物対策は、**発生抑制**、**再使用**または**再生利用**とし、重複して選択してもよい。

① 選んだ建設副産物対策

② 工種名

③ 対策として実施したことと実施にあたっての留意事項

④ 実施したことによって得られた副次的効果

2. 工事概要であげた工事にかかわらず、あなたの今日までの工事経験に照らして、1. で記述した内容以外の建設副産物対策として、建設廃棄物

の**適正な処理**の事例を2つあげ、対策として実施したことと、それらを適切に実施するための留意事項を具体的に記述しなさい。
　ただし、2つの事例は異なる内容の記述とする。

[工事概要] の記述例

イ．工事名

〇〇〇ビル新築工事

ロ．工事場所

東京都〇〇区〇〇町〇－〇－〇

ハ．工事の内容

建物用途	事務所
構　造	鉄筋コンクリート造
階　数	地下1階、地上7階建て
延べ面積または施工数量	1,100㎡
主な外部仕上げ	二丁掛けタイル張り、アスファルト防水
主要室の内部仕上げ	床：タイルカーペット 壁：EP塗装 天井：ロックウール化粧吸音張り

ニ．工期（年号または西暦で年月まで記入）

20〇〇年〇〇月～20〇〇年〇〇月

ホ．あなたの立場

工事主任

注意！

〔工事概要〕の例文中では、具体的な工事名、工事場所は伏せてあるが、実際の答案には詳細を記入すること。

1.の記述例

［記述例1］

① **建設副産物対策**

発生抑制

② **工種名**

型枠工事

③ **実施したことと留意事項**

基礎および地中梁に使用する型枠を合板型枠からラス型枠に変更し、合板の残材の発生を抑制した。設計変更による自重増加が構造計算上問題ないことを構造設計者に確認した。

④ **副次的効果**

型枠の残材が減少し、現場の作業効率を上げることができた。また型枠解体工程がなかったので、工期を短縮することもできた。

［記述例2］

① **建設副産物対策**

再使用

② **工種名**

土工事・地業工事

③ **実施したことと留意事項**

基礎工事の際に発生する掘削土を場内に可能な限り保管し、埋め戻し土として再使用した。ブルーシートで養生し、飛散、粉塵発生防止に留意した。

④ **副次的効果**

搬入・搬出のための運搬作業が減り、工期短縮につながった。また埋戻し土の購入費用を減らすこともできた。

[記述例3]

① **建設副産物対策**

再生利用

② **工種名**

内装工事

③ **実施したことと留意事項**

内装工事で発生したボード片をボードメーカーに引き取ってもらい、新規のせっこうボードとして他の現場で利用する計画とした。専用コンテナを用意して、他の産業廃棄物と分類分けを徹底した。

④ **副次的効果**

廃棄ボードを削減でき、他の現場でも利用することもできたので、コスト削減につながった。

2.の記述例

[記述例1]

① **実施したこと**

杭打ち時に発生した汚泥を、マニフェストを発行し、許可を受けた業者のバキュームカーで、産廃処分の許可を有する処分場で処分した。

② **留意事項**

法に準拠した処分が行われるよう、現場作業員への周知徹底に留意した。

[記述例2]

① **実施したこと**

養生シートや繊維くずなどを、マニフェストを発行し、許可を受けた業者に委託し、返送された書類で適正な処分が行われていることを確認した。

② **留意事項**

異物混入や飛散発生の防止に留意した。

演習問題 6　建築工事においては、資源循環の推進や建設副産物対策などの環境負荷の低減に向けた取り組みが行われている。

あなたが経験した建築工事のうち、施工にあたり建設副産物の**発生抑制**、**再使用**、**再生利用**、**熱回収**、**適正処分**などの対策について、施工計画の段階から検討し、実施した工事を3つ選び、下記の工事概要を具体的に記入したうえで、次の問いに答えなさい。

なお、建築工事とは、建築基準法に定める建築物に係る工事とする。ただし、建築設備工事を除く。

〔工事概要〕

イ．工事名

ロ．工事場所

ハ．工事の内容
- 新築等の場合：建物用途、構造、階数、延べ面積または施工数量、主な外部仕上げ、主要室の内部仕上げ
- 改修等の場合：建物用途、建物規模、主な改修内容および施工数量

ニ．工期（年号または西暦で年月まで記入）

ホ．あなたの立場

1. 工事概要であげた工事において実施した、**発生抑制**、**再使用**、**再生利用**、**熱回収**、**適正処分**から、異なる対策を3つ選び、それぞれ次の①から④の事項について、具体的に記述しなさい。

ただし、「実施した内容」はそれぞれ異なる内容の記述とする。

①　選んだ建設副産物対策

②　工種名

③　実施した内容

④　結果とあなたの評価

2. 工事概要であげた工事にかかわらず、あなたの今日までの工事経験に照らして、地球環境保全のため建築工事現場においてどのような取り組みを行うべきか、次の3つの環境問題から2つを選び、具体的に記述しなさい。

ただし、1. の「実施した内容」と重複しないこと。

〔環境問題〕

・地球温暖化

・熱帯林の減少

・水質汚染

〔工事概要〕の記述例

イ．工事名

〇〇〇マンション新築工事

ロ．工事場所

大阪市〇〇区〇〇町〇－〇－〇

ハ．工事の内容

建物用途	共同住宅
構　造	鉄筋コンクリート造
階　数	地上６階建て
延べ面積または施工数量	1,900㎡
主な外部仕上げ	コンクリート打放し、シート防水
主要室の内部仕上げ	床：フローリング 壁：PB下地ビニールクロス張り 天井：PB下地ビニールクロス張り

ニ．工期（年号または西暦で年月まで記入）

20〇〇年〇〇月～20〇〇年〇〇月

ホ．あなたの立場

現場代理人

注意！

〔工事概要〕の例文中では、具体的な工事名、工事場所は伏せてあるが、実際の答案には詳細を記入すること。

1.の記述例

［記述例1］

① **建設副産物対策**

発生抑制

② **工種名**

型枠工事

③ **実施した内容**

各階床および屋根のコンクリート型枠を木製型枠から鋼製床デッキプレートに変更した。

④ **結果とあなたの評価**

型枠の加工がなくなったことにより、廃材の発生を削減することができた。また支保工の設置・解体が不要となったため、工期短縮も可能になった。

［記述例2］

① **建設副産物対策**

再使用

② **工種名**

コンクリート工事

③ **実施した内容**

既存建物の解体時に発生したコンクリートがらをクラッシャーで砕き、仮設通路の路盤面材として再使用した。

④ **結果とあなたの評価**

仮設通路の走行性を向上させることができ、工事車両の通行がスムースになり、工事環境を良好にすることができた。

［記述例3］

① **建設副産物対策**

再生利用

② **工種名**

土工事・地業工事

③ **実施した内容**

杭工事の際に発生した汚泥を「建設汚泥場内再生利用計画書」を作成し、セメント系固化材で安定処理をしたうえで、埋戻し土として再生利用した。

④ **結果とあなたの評価**

産業廃棄物処分費の削減に加え、埋戻し土用の購入土も不要になったのでコストダウンを図ることができた。また工期を短縮することもできた。

2.の記述例

［地球温暖化］

二酸化炭素の排出抑制のため、資材や機材を運搬する車両のアイドリングを禁止する。

［熱帯林の減少］

合板型枠やラワン材の使用を減らすため、型枠に塗装合板を使用し、剥離剤を丁寧に塗り、転用回数を増やせるようにする。

演習問題 7　環境への負荷が少ない循環型社会を形成するため、建設副産物対策が求められている。

あなたが経験した建築工事のうち、建設副産物対策（**発生抑制**、**再使用**、**再生利用**、**熱回収**、**適正処分**）を実施した工事を 1 つ選び、工事概要を記入したうえで、次の問いに答えなさい。

なお、建築工事とは、建築基準法に定める建築物に係る工事とする。ただし、建築設備工事を除く。

〔工事概要〕

イ．工事名

ロ．工事場所

ハ．工事の内容（新築等の場合：建物用途、構造、階数、延べ面積または施工数量、主な外部仕上げ、主要室の内部仕上げ

改修等の場合：建物用途、建物規模、主な改修内容および施工数量）

ニ．工期（年号または西暦で年月まで記入）

ホ．あなたの立場

1. 工事概要であげた工事において実施した、建設副産物対策（**発生抑制**、**再使用**、**再生利用**、**熱回収**、**適正処分**）から、異なる対策を 3 つ選び、それぞれ次の①から③の事項について、具体的に 記述しなさい。

なお、一般廃棄物に関する記述を除くものとする。

① 扱った資材名または建設副産物名

② 実施した具体的な内容

③ 結果とあなたの評価

2. 上記の工事にかかわらず、あなたの経験に照らして、地球温暖化対策として建築工事現場においてできる二酸化炭素（CO_2）の排出抑制のための具体的対策を 4 つ、簡潔に記述しなさい。

ただし、対策は、それぞれ異なる内容の記述とする。

〔工事概要〕の記述例

イ．工事名

○○○ビル改築工事

ロ．工事場所

横浜市○○区○○町○－○－○

ハ．工事の内容

建物用途	事務所
主な改修内容	外装：二丁タイル張替 内装：壁・天井せっこうボード張替、 床Pタイル張替
階　数	地下1階、地上8階建て
施工数量または建物規模	外壁：1,200㎡ 内装：壁・天井2,200㎡、床1,000㎡

ニ．工期（年号または西暦で年月まで記入）

令和○○年○○月～令和○○年○月

ホ．あなたの立場

現場監督員

注意！

〔工事概要〕の例文中では、具体的な工事名、工事場所は伏せてあるが、実際の答案には詳細を記入すること。

1.の記述例

［事例1］ 発生抑制

① 扱った資材名または建設副産物名

軽量鉄骨下地材

② 実施した具体的な内容

天井および壁の下地材において、現場での採寸をもとに、工場でプレカットして現場に搬入することで、現場での加工を減らし、また端材の発生を少なくした。

③ 結果とあなたの評価

現場内の金属くずが減少したことで廃棄物の処理と整理が容易になった。また工期短縮を図ることもできた。

［事例2］ 再使用

① 扱った資材名または建設副産物名

木材端材

② 実施した具体的な内容

造作用合板の端材を壁仕上げ後コーナーや建具枠の養生材として再使用した。

③ 結果とあなたの評価

新規の養生シートを減らすことができ、材料費の削減ができた。また仕上げ養生の労務費削減にもつながった。

［事例3］ 再生利用

① 扱った資材名または建設副産物名

金属くず

② 実施した具体的な内容

鉄・ステンレス・アルミ・その他に分別回収を徹底し、スクラップ業者に回収させた。

③ 結果とあなたの評価

現場での廃棄物の分別処理が徹底され、職人達の再生利用の意識が高まり、資源を循環的に利用するという企業の社会的使命に貢献できた。

2.の記述例

・作業員や従業員の通勤は電車やバスなどの公共交通機関の利用を推奨し、ガソリンの消費を削減させる。

・早期に電力会社から仮設電源を受電し、仮設発電機の運転を減らす。

・現場の仮設照明や詰所の照明はこまめに消灯し節電する。

・仮設事務所や詰所を外断熱として施工し、エアコンの稼働時間を低減させる。

3 施工の合理化

演習問題 8　あなたが経験した建築工事のうち、品質を確保したうえで、施工の合理化を行った工事を 1 つ選び、工事概要を具体的に記入したうえで、次の問いに答えなさい。

なお、建築工事とは、建築基準法に定める建築物に係る工事とし、建築設備工事を除くものとする。

〔工事概要〕

イ．工事名

ロ．工事場所

ハ．工事の内容

新築等の場合：建物用途、構造、階数、延べ面積または施工数量、主な外部仕上げ、主要室の内部仕上げ

改修等の場合：建物用途、建築規模、主な改修内容および施工数量

ニ．工期（年号または西暦で年月まで記入）

ホ．あなたの立場

1. 工事概要であげた工事において、あなたが実施した現場における労務工数の軽減、工程の短縮などの**施工の合理化**の事例を 2 つあげ、次の①から④について記述しなさい。

ただし、2 つの事例の②から④は、それぞれ異なる内容を具体的に記述するものとする。

① 工種、部位等

② 実施した内容と品質確保のための留意事項

③ 実施した内容が施工の合理化となる理由

④ ③の施工の合理化以外に得られた副次的効果

2. 工事概要にあげた工事にかかわらず、あなたの今日までの工事経験に照らして、施工の合理化の取組みのうち、品質を確保しながらコスト削減を行った事例を 2 つあげ、次の①、②について具体的に記述しなさい。

なお、コスト削減には、コスト増加の防止も含む。

ただし、2 つの事例は、1. の②から④とは異なる内容のものとする。

① 工種または部位等

② 施工の合理化の内容とコスト削減できた理由

〔工事概要〕の記述例

イ．工事名

〇〇〇マンション新築工事

ロ．工事場所

東京都〇〇区〇〇町〇－〇－〇

ハ．工事の内容

建物用途	集合住宅
構　造	鉄筋コンクリート造
階　数	地上8階建て
延べ面積または施工数量	5,618㎡
主な外部仕上げ	45二丁タイル張り、吹付けタイル
主要室の内部仕上げ	床：フローリング 壁・天井：ビニールクロス張り

ニ．工期（年号または西暦で年月まで記入）

20〇〇年〇〇月～20〇〇年〇〇月

ホ．あなたの立場

現場代理人

注意！

〔工事概要〕の例文中では、具体的な工事名、工事場所は伏せてあるが、実際の答案には詳細を記入すること。

1.の記述例

[記述例1]

① 工種、部位等

型枠工事　基礎梁

② 実施した内容と品質確保のための留意事項

基礎および基礎梁の合板型枠をメッシュ状のラス型枠に変更した。

セメントペーストがラス型枠から流出することによるかぶり厚不足、強度低下防止として、基礎と基礎梁の側面を20 mm増打ちし、品質を確保した。

③ 実施した内容が施工の合理化となる理由

ラス型枠は施工が容易で、型枠の解体手間が低減でき、省力化、工期短縮となるため。

④ ③の施工の合理化以外に得られた副次的効果

合板を使用せず、捨て型枠としたことで廃材費用が低減でき、環境保全にも貢献できた。

また、近隣住民に対して、型枠解体時の騒音や粉塵の飛散が抑制できた。

[記述例2]

① 工種、部位等

鉄筋工事　屋上ハト小屋

② 実施した内容と品質確保のための留意事項

在来工法による鉄筋コンクリート造のハト小屋をユニット化したハト小屋に変更した。

屋上スラブの配筋後に、ユニットのレベル調整およびアンカーにより固定しコンクリートを屋上スラブと同時に打設した。

③ 実施した内容が施工の合理化となる理由

在来工法による鉄筋工事、コンクリート工事、型枠工事が削減され、省力化、工期短縮できるため。

④ ③の施工の合理化以外に得られた副次的効果

躯体工事の削減により、工事費が低減できた。

2.の記述例

[記述例1]

① **工種または部位等**

鉄筋コンクリート造　柱のプレキャスト化

② **施工の合理化の内容とコスト削減できた理由**

構造部材のプレキャスト化は、工場生産により品質が安定し、現場での組立ても天候に影響されなく、現場打ちコンクリート量や型枠材を低減でき、工事のトータルコストの削減ができた。

[記述例2]

① **工種または部位等**

左官工事　床の下地調整

② **施工の合理化の内容とコスト削減できた理由**

床の下地調整に流動性に優れたセルフレベリング材を使用した。

セルフレベリング材は短時間に平滑な床下地が得られ、高度な技能が不要なので工期の短縮ができ、人件費を削減できるため。

演習問題 9　あなたが経験した建築工事のうち、生産性向上を目指して、品質を確保したうえで、施工の合理化を行った工事を1つ選び、工事概要を具体的に記入したうえで、次の問いに答えなさい。

なお、建築工事とは、建築基準法に定める建築物に係る工事とし、建築設備工事を除くものとする。

〔工事概要〕

イ．工事名

ロ．工事場所

ハ．工事の内容
新築等の場合：建物用途、構造、階数、延べ面積または施工数量、主な外部仕上げ、主要室の内部仕上げ
改修等の場合：建物用途、建築規模、主な改修内容および施工数量

ニ．工期（年号または西暦で年月まで記入）

ホ．あなたの立場

1. 工事概要であげた工事において、あなたが計画した施工の合理化の事例を2つあげ、それぞれの事例について、次の①から④について記述しなさい。

ただし、2つの事例の②から④は、それぞれ異なる内容の記述とする。

① 工種、部位等

② 施工の合理化が必要となった原因と実施した内容

③ 実施する際に確保しようとした品質と留意事項

④ 実施したことにより施工の合理化ができたと考えられる理由

2. 工事概要にあげた工事にかかわらず、あなたの今日までの工事経験に照らして、品質を確保したうえで行う施工の合理化の方法であって、建設資材廃棄物の発生抑制に効果があると考えられるものについて、次の①、②を具体的に記述しなさい。

ただし、1. の②から④と同じ内容の記述は不可とする。

① 施工方法

② そう考える理由

〔工事概要〕の記述例

イ．工事名

○○○倉庫新築工事

ロ．工事場所

神奈川県○○市○○町○－○－○

ハ．工事の内容

建物用途	倉庫
構造	鉄骨造
階　数	地上3階建て
延べ面積または施工数量	727.1㎡（1棟）
主な外部仕上げ	吹付けタイル
主要室の内部仕上げ	床：コンクリート金ごての上、表面強化材塗布 壁・天井：発砲ウレタンの上、不燃耐火材吹付け

ニ．工期（年号または西暦で年月まで記入）

20○○年○○月～20○○年○○月

ホ．あなたの立場

現場代理人

注意！

〔工事概要〕の例文中では、具体的な工事名、工事場所は伏せてあるが、実際の答案には詳細を記入すること。

1.の記述例

[記述例1]

① **工種、部位等**

鉄筋工事　基礎梁主筋の継手

② **施工の合理化が必要となった原因と実施した内容**

地業工事での地中埋設物の撤去に時間を要し、工程が遅れていいたため、工期短縮を図り、基礎梁配筋の組立てにおいて、主筋の継手をガス圧接継手から天候に影響されない機械式継手に変更した。

③ **実施する際に確保しようとした品質と留意事項**

継手性能の確保のため、カプラーへの鉄筋の挿入長さおよびグラウト材がカプラーの両側から漏れ出ていることをすべての継手部について目視確認した。

④ **実施したことにより施工の合理化ができたと考えられる理由**

機械式継手は、高度な技能が不要で、雨天時でも継手作業が継続して行うことができ、一定の品質が確保でき、工期の短縮ができたため。

[記述例2]

① **工種、部位等**

鉄骨工事　建方

② **施工の合理化が必要となった原因と実施した内容**

鉄骨部材数が多く、建方時に高所作業量の増加による作業員や鉄骨部材の落下による危険防止や重機の不具合などによる工程の遅れ防止のため、鉄骨部材の組立てを地組工法により行った。

③ **実施する際に確保しようとした品質と留意事項**

地組後の建方精度を確保するため、鉄骨部材の地組はブロックごとに架台のうえで行い、寸法精度を確認して本締めを行った。また、つり上げ時に接合部に変形が生じないようにつり位置の重点管理を行った。

④ **実施したことにより施工の合理化ができたと考えられる理由**

鉄骨部材の組立てを地組により行うことで、高所作業が軽減でき、安全で精度の高い組立てができたため。また、重機によるブロックごとの建方により作業効率が向上し、工期の短縮ができたため。

2.の記述例

[記述例1]

① 施工方法

在来工法による浴室の造作をユニットバスに変更する。

② そう考える理由

ユニットバスは工場生産のユニットを現場で組立てるため、在来工法に比べ大幅な工期短縮となり、在来工法による内装材や鉄筋の端材やコンクリートくずなどの廃棄物の発生が少量となるため。

[記述例2]

① 施工方法

鉄筋コンクリート造の床型枠を合板型枠から鋼製フラットデッキプレートの捨て型枠に変更する。

② そう考える理由

捨て型枠とすることで床の型枠解体がなくなり、工期短縮となり、合板型枠の廃棄量も低減できるため。

施工経験に基づく記述（Ⅱ）

経験記述において問題2は、施工管理における施工計画、品質管理、安全管理、工程管理、環境管理上の留意事項、検討事項、対策事項、点検事項、防止事項などについて具体的に記述する問題である。

2-1 各事項別の記述文例

1 施工（仮設物）計画上の留意・検討事項

仮設物を現場内に設ける場合の、留意または検討すべき事項とその理由について整理しておくこと。

ゲート（車両出入口）

［留意および検討事項］

例① ゲートの扉は、引戸または内開き戸とする。

例② 工事車両および積載車両等が安全に走行できるゲートの高さとする。

例③ 交通量の多い道、人通りの多い道は避け、出入口にカーブミラーを設置し、安全確認できるようにする。

例④ 強風等による倒壊等の事故が生じないよう安全な構造とする。

［理由］

例① 工事現場における資機材搬入が頻繁であるため、ゲートの扉としての通行人等への安全確保のため。

例② 資機材搬入には大型車両の出入りがあり、作業効率と安全を確保するため。

例③ ゲートの設置は第三者災害を含み、安全面を最優先するため。

仮設道路

［留意および検討事項］

例① 作業者との交差動線にならないように検討した。

例② 用途に応じた幅員と走行車両の重量に耐える道路とした。

例③ 外構工事やその他の工事の施工に支障のない位置に計画する。

例④ 完成後の構内道路と同じ位置を検討し、路盤まで施工して仮設に使用することを検討する。

［理由］

例① 作業員の安全確保と走行車両の稼働をスムーズに行うため。

例② 接触事故や転倒事故等を防止するため。

例③ 全工事期間中を見通して、最も合理的な配置で舗装構成を決め、工期の短縮、経費の削減を図るため。

仮設事務所

［留意および検討事項］

例① 工事用の仮設事務所を、作業場内が見渡せる場所に設けるよう検討した。

例② 仮設事務所は、組立、解体、運搬が容易で、転用性があり、工事中の安全性からも耐久性に優れたものを用いるように留意した。

［理由］

例① 連絡や管理がしやすく、現場の状況に対応しやすく、作業効率や安全面の向上になる。

例② 工事完了後取り払うもので、他の現場への再利用も可能で、経費の削減になるため。

仮設電気設備

［留意および検討事項］

例① 仮設電気設備は、現場事務所および加工場の近くに設置するように検討した。

例② 工事用電力の受電容量として、各工事の時期の設備負荷を計算した。

例③ 幹線の配線計画、負荷設備の配線計画を検討した。

［理由］

例① 電力分電盤の使用状況や安全面を考慮し、管理しやすい状況とするため。

例② 各工事の内容を肯定的に精査しながら、同時使用が受電容量を超えないようにし、工事がスムーズに進むようにするため。

例③ 他の工事との作業性や、本設備切替え工事を容易にするため。

作業構台（荷受け構台・乗入れ構台）

［留意および検討事項］

例① 資機材の搬出入に適した位置で、揚重した資材を建物内に容易に取り込める位置に設置する。

例② 揚重機の能力、揚重材料の形状・寸法・数量に応じたものとし、荷重に対して安全な構造のものとする。

例③ 搬入車両の導線と荷受け構台の位置、およびクレーンの位置を検討する。

［理由］

例① 第三者災害を防ぎ、作業効率の向上や安全化を図るため。

例② 乗入れ構台は、車両、工事用機械などの重量のあるものが乗り入れるため。

例③ 資材の荷崩れ、風などによる飛散落下などを防止するため。

外部足場

［留意および検討事項］

例① 高さ5m以上の足場の組立、解体作業を行うときは、事前に作業計画を立案し、作業主任者を定め安全に実施する。

例② 強風、大雨、大雪などの悪天候のため、作業の実施について危険が予想されるときは、作業を中止する。

例③ 外部足場周辺の整理整頓および周囲の適切な照明対策を行う。

［理由］

例① 外部足場の倒壊による災害防止のため。

例② 作業効率や安全面の向上のため。

揚重機

［留意および検討事項］

例① 近隣住民などの第三者に、災害または公害が及ばないように十分注意し、災害防止に関する計画的な対策を推進するため、法律、政令、省令を守り、適切な措置をとる。

例② 建物の規模、構造、敷地内外の状況、安全性、動線計画、工期と使用期間等の諸条件を総合的に判断し、最も効率的な計画を立てる。

［理由］

例① 建設機械による災害防止のため、基準の確立、責任体制の明確化および自主的活動の措置が必要なため。

例② 建築工事において揚重機の果たす役割は大きく、揚重計画の良し悪しが、工期・経済性・安全性に左右する大きな要素であるため。

ワンポイントアドバイス

その他、仮設計画における留意および検討事項、その理由についても整理しておくこと。

- 仮囲い
- 仮設物（監督員事務所、建設業者事務所、設備業者事務所、作業員休憩所、危険物貯蔵庫、材料置場、下小屋など）の配置
- 排水経路、水道の引込み経路や供給能力
- 足場および桟橋の位置および構造
- 作業員の墜落防止、感電防止、および落下物の危険防止
- 近隣への安全対策など

2 災害の具体例と防止対策

災害の具体例とそれを防止するための措置および留意すべき内容について整理しておくこと。

墜落災害

例① [災害の具体例] 手すりのない作業床から、作業者が墜落。
[防 止 対 策] 作業床の開口部に防網を張り、作業者は安全帯を着用する。

例② [災害の具体例] 降雨時の作業中、作業者が足を滑らし墜落。
[防 止 対 策] 強風、大雨などの悪天候で危険が予想されるときは作業を中止する。

例③ [災害の具体例] 脚立使用時に作業員がバランスを崩して転倒。
[防 止 対 策] 脚立の単独使用を禁止する。

例④ [災害の具体例] 仮設通路上でつまずき転倒。
[防 止 対 策] 場内作業床面の清掃、整理整頓。採光や照明による照度の確保。

飛来・落下災害

例① [災害の具体例] フォームタイが足場のすき間から落下。
[防 止 対 策] 足場と駆体との空隙部に養生シートやネットを張る。

例② [災害の具体例] 断熱材が風で外部に飛散。
[防 止 対 策] シートやチェーンなどで固定。整理整頓。

例③ [災害の具体例] 工具が歩道に落下。
[防 止 対 策] 道路に面する足場には防護棚（朝顔）を設ける。

例④ [災害の具体例] 残材を下へ落としたときに壁を損傷。
[防 止 対 策] 高さが3m以上の高所から物体を投下するときは投下設備（シュート）を設ける。

崩壊・倒壊・転倒災害

例① [災害の具体例] 根切り法面が降雨により崩壊。
[防 止 対 策] 法面を緩くし、表面をシートで覆う。法面上部には排水溝を設ける。

例② [災害の具体例] 仮囲いが風雨により転倒。
[防 止 対 策] 仮囲いの一部にメッシュ枠を用いる、埋込材を地盤に応じて深く埋め込む。

例③ [災害の具体例] 乗入れ構台が倒壊。
[防 止 対 策] 構台の支柱の根入れを深くする。脚部に敷板を用いる。水平材、ブレースを確実に取り付け、制限荷重を越える載荷しない。

例④ [災害の具体例] 定置式クレーンの転倒。
[防 止 対 策] クレーンの基礎が十分な引抜き耐力を有しており、水平精度を有するかを確認。十分なアンカーボルトの本数で固定。

重機関連災害

例① [災害の具体例] 重機の旋回時に作業者と接触。

［防　止　対　策］重機の旋回範囲はカラーコーンなどを設置して立入禁止区域を設定する。

例②　［災害の具体例］重機の後進中に盛土から転落。

［防　止　対　策］誘導員を適切な位置に配置し、合図の徹底を図る。

例③　［災害の具体例］杭込み中に杭打ち機が横転。

［防　止　対　策］接地圧に見合う地盤改良や鉄板敷きなどの不同沈下防止のための措置をとる。

例④　［災害の具体例］揚重時に資機材が転落・飛散。

［防　止　対　策］吊り荷の形状や重量などに見合った能力の重機を選定し、吊り具なども適正なものを使用する。

第三者災害

例①　［災害の具体例］工事車両と歩行者が現場の出入口で接触事故を起こす。

［防　止　対　策］出入口に誘導員を配置。カーブミラーの設置。ゲート近くの仮囲いは透明のアクリル板にして視界を確保。

例②　［災害の具体例］残材が落下し、下を通行する歩行者に当たった。

［防　止　対　策］足場の道路面には防護棚（朝顔）を設け、養生シートで覆う。

例③　［災害の具体例］根切り中に隣接する家屋が不同沈下し、住宅にひび割れが生じた。

［防　止　対　策］鋼矢板の根入れ深さを大きくする。ヒービング、ボイリングを防止できるよう山留め壁と支保工を選定する。

例④　［災害の具体例］杭打ち機が転倒し、隣地の住宅を破損させた。

［防　止　対　策］杭打ち機を据え付ける地盤を補強したり、鉄板を敷きつめたりして地盤安定のための措置をとる。

3 機械または設備を使用する場合の安全点検事項

施工機械・設備を使用する場合の安全点検事項に関する事項を整理しておくこと。

外部枠組足場

例① 床材の損傷の有無、取付けおよび掛渡し状態の確認。

例② 建地、布、腕木などの緊結部、接続部および取付け部の緩みの有無の確認。

例③ 建地、布、腕木などの損傷の有無の確認。

例④ 緊結材、緊結金具の損傷や腐食の有無の確認。

例⑤ 手すりなどの取外しおよび脱落の有無の確認。

例⑥ 脚部に有害な沈下や滑動は生じていないか点検する。

例⑦ 筋かい、控え、壁つなぎなどの補強材の取付け状態および取外しの有無の確認。

例⑧ 壁つなぎは、垂直方向9m以内、水平方向8m以内ごとに設けているか、取り外されていないかの確認。

例⑨ 幅木、メッシュシート、防網などの取付け状態および取外しの有無の確認。

単管足場

例① 単管の曲がりおよび変形の有無の確認。

例② 建地間隔は、桁行方向1.85m以内、梁間方向1.5m以内ごとに設けられているかの確認。

例③ 建地、布、腕木などの緊結部、接続部および取付け部の緩みの有無の確認。

例④ 脚部に有害な沈下や滑動は生じていないか点検する。

例⑤ 手すりなどの取外しおよび脱落の有無の確認。

例⑥ 壁つなぎは、垂直方向5m以内、水平方向5.5m以内ごとに設けているか、取り外されていないかの確認。

例⑦ 幅木、メッシュシート、防網などの取付け状態および取外しの有無の確認。

移動式足場（ローリングタワー）

例① 脚部車輪のストッパーの作動状況確認。

例② 最大積載荷重の表示の有無、積載荷重の遵守確認。

例③ 移動範囲に障害物の有無の確認。

例④ 作業箇所に接近した位置に足場を設置しているか。

例⑤ 手すりの取外しおよび脱落の有無の確認。

例⑥ 作業床の水平保持が確保できているか。

例⑦ アウトリガーの有無による高さ制限の確認。

例⑧ 部材の損傷、変形、腐食の有無の確認。

移動式クレーン

例① 各部のボルトやナット、ピン、コッターなどの緩み、損傷、脱落などの有無の確認。

例② 巻過ぎ防止装置の作動確認。

例③ 過負荷警報装置およびその他の警報装置の作動確認。

例④ ブレーキ、クラッチ、コントローラーの作動確認。

例⑤ アウトリガーは完全に張り出しているかの状況確認。

例⑥ 転倒のおそれがないかアウトリガー設置地盤の状況確認。

例⑦ 吊りフックの損傷、異常の有無の確認。

例⑧ クレーンの上部旋回体と接触する範囲および吊り荷の下に労働者を立ち入らせていないかの確認。

傾斜ジブ式クライミングクレーン

例① 各部のボルト、ナット、座金、割りピンなどの緩み、損傷、脱落などの有無の確認。

例② クレーン構成材の損傷の有無の確認。

例③ リミッターが適正値であるかの確認。

例④ 過負荷防止装置、その他の安全装置の作動確認。

建設用リフト、ロングスパンエレベーター

例① 搬器の昇降による危険箇所、巻上げ用ワイヤロープの内角側の立入禁止措置が講じられているか確認する。

例② 巻上げ用ワイヤロープに乱巻きや摩耗などの異常がないか点検する。

例③ ブレーキおよびクラッチの作動に異常はないか点検する。

例④ ガイドレールに曲がりや段違いが生じていないか点検する。

例⑤ 搬器の昇降は、水平となっているか点検する。

例⑥ 開閉器および制御装置の作動に異常はないか点検する。

例⑦ 搬器と積卸しステージの間隔は4cm以下か確認する。

例⑧ 過巻リミットスイッチの設置を確認する。

交流アーク溶接機

例① 電撃防止装置の作動確認。

例② アースの設置状況の確認。

例③ 溶接棒ホルダーの絶縁部の損傷の有無の確認。

例④ 漏電遮断機の使用前テストボタンによる動作確認。

例⑤ ケーブルの絶縁被覆の損傷および劣化の有無の確認。

例⑥ 溶接機とケーブルの接続部の損傷の有無の確認。

乗入れ構台（組立て時の留意事項）

例① ボルトの本締めの状態の確認。

例② 重機の重量や移動、旋回による振動および地震による水平荷重に対して、支柱や鉛直・水平ブレースなどの各構成部材が強度および剛性を有した材料か確認する。

例③ 各部材の損傷、変形、割れの有無の確認。

例④ 接合部の緩み、損傷、欠落の有無の確認。

4 機械または設備を安全に使用するための留意事項

外部枠組足場

例① 作業床の幅は40 cm以上とし、床材相互および床材と建地間のすき間はそれぞれ3 cm以下、12 cm未満とする。

例② 床材は、2以上の支持物に取り付け、転位や脱落がないように防止する。

例③ 作業者の墜落の危険がある箇所には、交差筋かいおよび高さが15 cm以上40 cm以下の桟や高さが15 cm以上の幅木、または手すり枠などの墜落防止設備を設ける。

例④ 足場における作業の開始前に、墜落防止設備の撤去や脱落などがないか点検し、異常がある場合は直ちに補修する。

例⑤ 足場の脚部は、ベース金具および敷板などにより根がらみを設け、滑動や沈下を防止する。

例⑥ 足場の高さが5 m以上の場合は、壁つなぎまたは控えを垂直方向は9 m以下に、水平方向は8 m以下に設ける。

コンクリートポンプ車

例① 輸送管と輸送管またはホースの接続には継手金具を用いて確実に接続させ、輸送管は堅固な部分に固定して、輸送管などの脱落および振れを防止する。

例② コンクリートの吹出しなど作業員に危険が生じるおそれのある箇所は立入禁止とする。

例③ 作業装置の操作者とホース先端部の保持者との間の連絡は、伝達不備による事故防止のため、連絡装置および定めた合図により確実に行わせる。

例④ 輸送管またはホースの閉塞時に輸送管などの接続部を切り離す場合は、切り離す前にコンクリートなどの吹出し防止のため、空気圧縮機のバルブを解放して輸送管などの内部圧力を減少させる。

例⑤ 洗浄ボールを用いて輸送管などの内部を洗浄する場合は、作業員の危険防止のため、洗浄ボールの飛出し防止器具を輸送管などの先端に取り付ける。

建設用リフト

例① 搬器に最大積載荷重を超える積荷をしてはならない。

例② 搬器には原則として作業員は乗ってはならない。

例③ 警報装置の設置など、巻上げ用ワイヤロープの巻過ぎによる作業員の危険防止策を講じる。

例④ 搬器の昇降による危険箇所、巻上げ用ワイヤロープの稼働時に作業員に危険が生じるおそれのある箇所は立入禁止とする。

例⑤ 作業時の合図を定め、関係者に周知し、作業に従事する作業員はその合図で連絡をとらなければならない。

例⑥ 搬器を上げたままの状態で、運転者は運転位置を離れてはならない。

ロングスパンエレベーター

例① 搬器に最大積載荷重を超える積荷は禁止とし、積荷は静かに行い、偏った積込みは行わない。

例② 作業員の搭乗範囲には強固なヘッドガードを設け、作業員はヘッドガードの下部に搭乗させ、積荷との間には遮断設備を設ける。

例③ 搬器の搭乗席の周囲には高さ1.8m以上の囲いを設け、搭乗席以外の周囲は、高さ90cm以上の中さんおよび幅木を取り付けた堅固な手すりを設ける。

例④ 搬器の傾きを容易に矯正でき、傾きが1/10を超える前に自動的に動力を遮断し、遮断設備を閉じないと搬器の昇降ができない安全装置を設ける。

例⑤ 作業終了後は、搬器を最下位置に停止させて電源を切る。

例⑥ エレベーターの停止階は、屋内作業場への出入口の段差は小さくし、荷の積下ろし口には遮断設備を設ける。

例⑦ エレベーターの昇降路は、人の立入りを禁止し、外周を金網などで養生する。

高所作業車（クローラ式の垂直昇降型）

例① 作業指揮者を定め、指揮者の指揮のもと作業を行う。

例② 高所作業車を用いた作業時の連絡は、各作業員に対して一定の合図を定め、合図を行う者を指名して、その者に行わせる。

例③ 高所作業車の操作を行っている者が操作位置を離れるときは、作業床を最下位置に下げ、電源を切り、ブレーキを確実にかける。

例④ 作業時は、運転席および作業床以外は作業員の立入りを禁止する。

例⑤ 作業床の積載荷重および定員人数を厳守する。

例⑥ 走行時は誘導員を配置し、作業床上に作業員を乗せたままの走行は禁止する。

例⑦ 荷吊り作業などの高所作業車の用途以外の作業に使用してはならない。

バックホウ（バケット容量0.5 m^3程度）

例① 作業半径内への立入りを禁止し、その旨を明示する。

例② 作業時は運転席のドアを必ず閉める。

例③ 運転者が運転席を離れるときは、バケットを地上に降ろしてからエンジンを切り、必ずキーを抜いておく。

例④ ダンプトラックへの土砂の積込みでは、ダンプトラックの運転席の上を旋回させず、荷台の後方から積み込む。

例⑤ 掘削面の崩壊などの非常時に退避できるように、クローラの走行方向が掘削面に対して直角となるように配置する。

例⑥ 掘削中の旋回や旋回による埋戻しや均し作業は行ってはならない。

2-2 経験記述の演習問題Ⅱ

1 仮設物に対する留意事項

演習問題 1　仮設物（一定期間設置するものに限る）の種類を２つあげ、施工上留意した内容をそれぞれ３項目、具体的に記述しなさい。

仮設備の種類	施工上留意した内容

解説　仮設物の種類として、①仮囲い、②仮設道路、③作業構台、④足場、⑤仮設建物、⑥仮設設備などがある。ここから２種目を取り上げ、施工上留意した事項を３項目記述する。

①から⑥で共通して検討する事項として、

- **設置する位置と敷地の関係**
- **設置期間中の保守・点検の状態**
- **組立、解体などにあたり有資格者の適正配置**
- **想定される荷重および外力の状況、使用期間を考慮した安全な構造**
- **近隣、第三者の安全に対する処置**

などをあげて簡潔に記述すればよい。

演習問題1の記述例

［仮囲い］

例①　構内への出入口の高さを定め、出入口を車用と人用に区別し安全を確保する。

例② ゲートを内開きにして、第三者の安全を確保する。

例③ 木造で、建築物の高さが13mもしくは軒高が9mを超えるもののほか木造以外の構造で2階以上の建築物の建築工事では、工事期間中工事現場に周囲に1.8m以上の高さの仮囲いを行う。

[仮設建物]

例① 現場事務所は、資材の動き、人の動き、準備加工場所、機材置場等が見やすい位置を選定する。

例② 準備加工場所は、施工場所との関連と、近隣に対する騒音等の影響を考慮して決める。

例③ 材機材置場は、搬入用トラック等の出入りの容易な位置で、作業場との位置関係、同船の確保が図られる場所を選定する。

2 災害の具体例と防止対策

演習問題 2 建築工事における、次の3つの災害のそれぞれについて、災害の具体例とそれを防止するための措置および留意すべき内容を、2つずつ具体的に記述しなさい。

ただし、点検・整備などの日常管理、安全衛生管理組織および新規入場時教育に関する記述は除くものとする。また、それぞれ記述内容は重複しないこと。

1. 墜落災害
2. 重機関連災害
3. 第三者災害

解説 災害防止のための安全対策は、事故を事前に発生しないように予防する対策と、万が一事故が発生した場合、最小限の被害に留めるような対策とがある。この前提を踏まえたうえで、各項目において、どのような対応策が必要不可欠かを具体的にイメージ、シミュレーションしてみるとよい。

演習問題2の記述例

［墜落災害］

［災害の具体例］手すりのない作業床から、作業者が墜落。

［防止対策］作業床の開口部に防網を張り、作業者は安全帯を着用する。

［災害の具体例］降雨時の作業中、作業者が足を滑らし墜落。

［防止対策］強風、大雨などの悪天候で危険が予想されるときは作業を中止する。

［重機関連災害］

［災害の具体例］重機の旋回時に作業者と接触。

［防止対策］重機の旋回範囲はカラーコーンなどを設置して立入禁止区域を設定する。

［災害の具体例］重機の後進中に盛土から転落。

［防止対策］誘導員を適切な位置に配置し、合図の徹底を図る。

［第三者災害］

［災害の具体例］工事車両と歩行者が現場の出入口で接触事故を起こす。

［防止対策］出入口に誘導員を配置。カーブミラーの設置。ゲート近くの仮囲いは透明のアクリル板にして視界を確保。

［災害の具体例］残材が落下し、下を通行する歩行者に当たる。

［防止対策］足場の道路面には防護棚（朝顔）を設け、養生シートで覆う。

3 機械または設備の作業開始前の安全点検事項

演習問題3　下記の機械または設備を使用して作業を行う場合の作業開始前の**安全点検事項**をそれぞれ2つ、具体的に記述しなさい。ただし、保護帽、安全帯、保護具などの不着用、または不安全な作業の防止など労働者の行為に関する記述は除くものとし、それぞれの安全点検事項は重複しないこと。

1. 外部枠組足場
2. 建設用リフト

解説 1. **外部枠組足場**の安全点検事項として、建地・布・腕木・床材などの構成部材の損傷や変形、また、それらの接続部の状況、手すりの取外しや脱落の有無、壁つなぎや水平材などの設置間隔の適正化、脚部の沈下や滑動などがある。

2. **建設用リフト**の安全点検事項として、昇降時の立入禁止措置、巻上げ用ワイヤーロープの異常の有無、ブレーキ・クラッチおよび開閉器の作動確認、ガイドレールの状態などがある。

演習問題3の記述例

[外部枠組足場]

例① 手すりが作業のじゃまになるなどの理由から取り外されていないか、または脱落していないかの確認。

例② 足場の転倒や倒壊につながる足場脚部の沈下および滑動の有無の確認。

[建設用リフト]

例① 巻上げ用ワイヤーロープの乱巻きや摩耗の有無の確認。

例② 労働者の危険防止として、搬器の昇降による危険箇所および巻上げ用ワイヤーロープの内角側への立入禁止措置の確認。

4 機械または設備の使用中の安全点検事項

演習問題 4 下記の機械または設備を使用して作業を行う場合の使用中の**安全点検事項**をそれぞれ2つ、具体的に記述しなさい。ただし、保護帽、安全帯、保護具などの着用、資格および免許に関する記述は除くものとする。

1. 移動式クレーン
2. 移動式足場（ローリングタワー）
3. 交流アーク溶接機

解説 1. **移動式クレーン**の安全点検事項として、アウトリガーの張出し状況および設置地盤の状況、過負荷防止やワイヤーの巻過ぎ防止などの警報装置の作動、ブレーキやクラッチ、コントローラーの作動、ボルトやナットの緩みなどの状態、吊りフックやワイヤーの損傷の有無などがある。

2. **移動式足場（ローリングタワー）**の安全点検事項として、作業時に移動しないためのストッパーの作動、構成部材の損傷や変形の有無、移動範囲内の障害物の有無、作業箇所に対する足場の位置などがある。

3. **交流アーク溶接機**の安全点検事項として、電撃防止装置・漏電遮断機の作動、アースの設置状況、ケーブルの絶縁被覆・接続箇所の損傷の有無などがある。

演習問題4の記述例

[移動式クレーン]

例① 転倒防止のためのアウトリガーの張出し状況の確認。

例② 過負荷警報装置、巻過ぎ防止装置など各種安全装置の作動確認。

[移動式足場（ローリングタワー）]

例① 足場上での作業中における移動防止の脚部ストッパーの作動確認。

例② 転倒、倒壊防止のため、各構成部材および接合部材の損傷や変形の有無の確認。

[交流アーク溶接機]

例① 溶接機および作業台のアース設置状況の確認。

例② 漏電による感電防止の漏電遮断機の作動確認。

施工管理と法規の知識

躯体工事

1-1 躯体工事の例題から学ぶ

1 コンクリート工事

ランク ★★★

例題 1 下記記述内の①から③の下線部の語句のうち最も不適当な箇所を 1 つあげ、適当な語句に直しなさい。

日本産業規格（JIS）のレディーミクストコンクリートの規格では、指定がない場合のレディーミクストコンクリートの塩化物含有量は、荷卸し地点で、①塩化物イオン量として 0.30 kg/m³ 以下と規定されている。

また、レディーミクストコンクリートに使用する②砂利の塩化物量については、プレテンション方式のプレストレストコンクリート部材に用いる場合を除き、③ NaCl 換算で 0.04％以下と規定されている。

解説 レディーミクストコンクリートの塩化物含有量は、JIS A 5308 より、荷卸し地点で塩化物イオン量として 0.30 kg/m³ 以下でなければならない。ただし、購入者の承認を得れば、0.60 kg/m³ 以下とすることができる。

レディーミクストコンクリートに使用する**砂の塩化物量**は、JIS A 5308 附属書 A より、プレストレストコンクリート部材（プレテンション方式）の場合を除き、NaCl 換算で 0.04％以下と規定されている。

解答 ② **砂利 → 砂または細骨材**

ワンポイントアドバイス

やむを得ず塩化物量が 0.30 kg/m³ を超え 0.60 kg/m³ 以下のコンクリートを使用する場合は下記の条件を満たすものとする（JASS5 より）。

a）水セメント比：55％以下とする。

b）スランプ：AE 減水剤・高性能 AE 減水剤を用い、スランプは 18 cm 以下とする（流動化コンクリートの場合は、ベースコンクリートのスランプは 15 cm 以下、流動化後のスランプは 21 cm 以下とする）。

c）防錆対策：適切な防錆剤を使用する。

d）かぶり厚さ：床の下端筋のかぶり厚さを 3 cm 以上とする。

例題 2　下記記述内の①から③の下線部の語句のうち最も不適当な箇所を 1 つあげ、適当な語句に直しなさい。

型枠の高さが① 4.5 m 以上の柱にコンクリートを打ち込む場合、たて形シュートや打込み用ホースを接続してコンクリートの分離を防止する。

たて形シュートを用いる場合、その投入口と排出口との水平方向の距離は垂直方向の高さの② 1/2 以下とする。

また、斜めシュートはコンクリートが分離しやすいが、やむを得ず斜めシュートを使用する場合で、シュートの排出口に漏斗管を設けない場合は、その傾斜角度を水平に対して③ 15° 以上とする。

解説　自由落下高さが高すぎると、コンクリートの分離・打設時の衝撃による鉄筋の移動やスペーサーのはずれなどの原因となる。

たて形シュートや打込み用ホースを接続して自由落下高さを低くするなどによりコンクリートの分離防止の措置をとる必要がある。

たて型シュートは、高低差のあるところへコンクリートを運搬する役目をもち、その投入口と排出口との水平方向距離は、垂直方向高さの約 1/2 以下とする。

斜めシュートは、コンクリートの水平方向への運搬に使用する器具だが、コンクリートが分離しやすいので、できるだけ使用しないほうがよい。

やむを得ず使用する場合は、傾斜角度を水平に対して **30° 以上**として使用する。

解答　③　**15° → 30°**

例題 3　コンクリート工事における、コールドジョイントの発生防止について施工上の留意事項を 2 つ、具体的に記述しなさい。
ただし、コンクリートの材料や調合に関する記述は除くものとする。

解答例

①	コンクリートの練混ぜから打込み終了までの時間を、外気温が 25℃以上のときは 90 分以内、25℃未満のときは 120 分以内とする。
②	打重ね時間間隔は、外気温が 25℃以上のときは 120 分以内、25℃未満のときは 150 分以内とし、できるだけ短くする。
③	2 層以上に分けてコンクリートを打ち込む場合は、先に打ち込んだコンクリートの凝結が進行する前に、後打ちコンクリートを打ち込む。
④	後打ちコンクリートの締固めは、棒形振動機を用い、先端は下層のコンクリートに 10 cm 程度挿入して振動させ一体化させる。
⑤	生コン車の配車時間を短く調整し、連続した打設とする。
⑥	先に打ち込んだコンクリート表面には散水しない。
⑦	プラントから工事現場までのコンクリートの運搬ルートや打設時間など適切な打設計画を立て、打重ね回数を減らす。

ワンポイントアドバイス

締固めは、突き棒、棒形振動機および型枠振動機等により行う。
振動機は、JIS 規格に適合したものを使用する。

[棒形振動機]

①挿入間隔は 60 cm 以下とし、鉛直に挿入する。
②振動機の先端は、先に打ち込んだコンクリートの層に入ることによりコールドジョイントの防止になる。
③コンクリート 1 層の打込み厚さは、振動機の長さ（60 ～ 80 cm）を考慮して、60 cm 以下とする。
④振動時間は、表面にセメントペーストが浮くまでとし、1 箇所につき 5 ～ 15 秒程度とする。

[型枠振動機]

①背の高い壁や柱などの鉛直部材に使用する。加振による型枠のゆるみなどが生じないようにする。
②取付け間隔は、壁の場合で 2 ～ 3 m/ 台程度とする。
③加振時間は、スランプ 18 cm 程度の場合で 1 ～ 3 分程度とする。

2 鉄骨工事

ランク ★★★

例題 4 下記記述内の①から③の下線部の語句のうち最も不適当な箇所を1つあげ、適当な語句に直しなさい。

トルシア形高力ボルトの締付け完了後の検査は、すべてのボルトについてピンテールが<u>①破断</u>していることを確認する。1次締付け後に付したマークのずれにより、ナット回転量に著しいばらつきの認められる群については、その一群の<u>②すべて</u>のボルトのナット回転量を測定し、平均回転角度を算出する。この結果、平均回転角度±<u>③ 45°</u>の範囲のものを合格とする。

解説 トルシア形高力ボルトの締付け完了後の検査では、すべてのボルトについてピンテールの破断、マークのずれにより共回り・軸回りの有無、ナット回転量およびボルト余長の過不足を確認し、異常がないものを合格とする。ナット回転量に著しいばらつきが認められた群については、その群の全ボルトのナット回転量を測定し、平均回転角度を算出する。その結果より、**平均回転角度± 30°**のものを合格とする。不合格となったものは、新品と交換する。

解答 ③ **45° → 30°**

ワンポイントアドバイス

ボルトセットの座金およびナットは、使用の際に裏表逆使いしないようにする。ナットは表示記号のある側が表面で、座金は内側に面取りが施してある側が表面となる。

(JASS6 より抜粋)

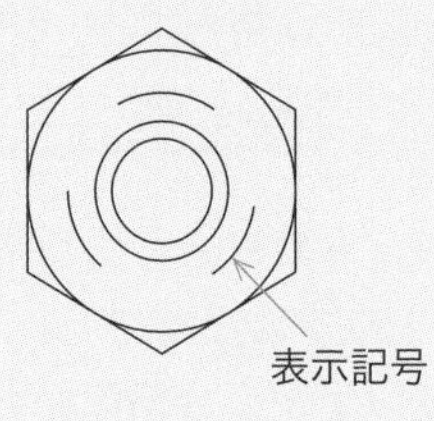

ナットは表示記号のある側が表

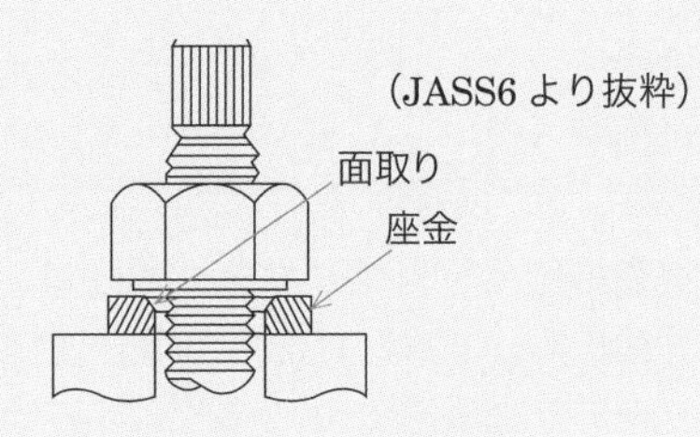

座金は内側面取りのある側が表

ワンポイントアドバイス

溶融亜鉛めっき高力ボルト接合

・溶融亜鉛めっき高力ボルトのセット

建築基準法に基づき大臣認定を受けたものとする。

ボルトセットの種類		機械的性質の等級		
機械的性質	トルク係数値	ボルト	ナット	座金
1種	A	**F8T**	F10	F35

・摩擦面の処理

溶融亜鉛めっき後、摩擦面はブラスト処理またはりん酸塩処理（薬剤処理）を施す。

摩擦面の表面粗度は 50 μmRz 以上とし、すべり係数は 0.40 以上とする。

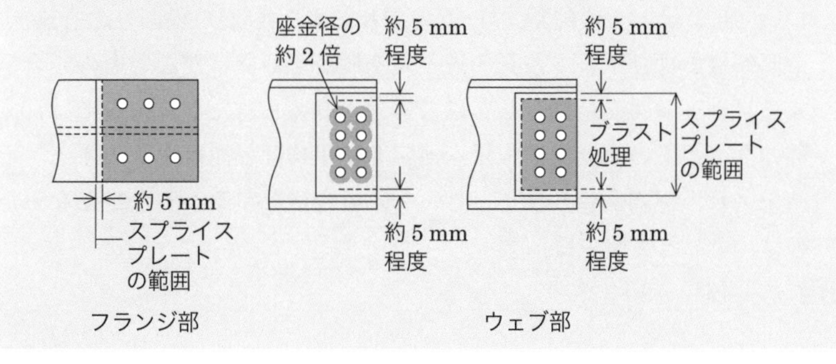

例題 5 下記記述内の①から③の下線部の語句のうち最も不適当な箇所を1つあげ、適当な語句に直しなさい。

鉄骨工事におけるスタッド溶接部の15°打撃曲げ検査は①150本または主要部材1個ごとに溶接した本数のいずれか少ないほうを1ロットとし、1ロットにつき②1本行う。

検査の結果不合格になった場合は、同一ロットからさらに2本のスタッドを検査し、2本とも合格の場合は、そのロットを合格とする。

ただし、これら2本のスタッドのうち1本以上が不合格の場合は、そのロット③全数について検査する。

解説 スタッド溶接部の打撃曲げ検査は、**100本**または主要部材1本または1台に溶接した本数のうち、いずれか少ないほうを1ロットとし、1ロットにつき1本行うこととする（JASS 6より）。

解答 ① **150本 → 100本**

ワンポイントアドバイス

スタッド溶接の仕上り高さや傾きの検査は、1ロットの中から長いもの、短いものあるいは傾きの大きなものを選んで検査を行う。検査したスタッドが合格の場合、そのロットは全数合格とする。検査本数、合否の判定方法は打撃曲げ検査と同様である。

（JASS5より）

名　称	図	管理許容差	限界許容差
スタッド溶接後の仕上がり高さと傾き $\Delta L, \theta$	$L+\Delta L$　θ	$-1.5\,\mathrm{mm} \leqq \Delta L \leqq +1.5\,\mathrm{mm}$	$-2\,\mathrm{mm} \leqq \Delta L \leqq +2\,\mathrm{mm}$
		$\theta \leqq 3^\circ$	$\theta \leqq 5^\circ$
測定器具	**測定方法**		
金属製直尺 限界ゲージ コンベックスルール	スタッドが傾いている場合は，軸の中心でその軸長を測定する		

鉄骨の建方における、仮ボルトの締付けについて施工上の留意事項を2つ、具体的に記述しなさい。

解答例

①	高力ボルト継手の仮ボルトは中ボルトを用い、1/3程度かつ2本以上とし、バランスよく締め付ける。
②	混用接合や併用継手の仮ボルトは中ボルトを用い、1/2程度かつ2本以上とし、バランスよく締め付ける。
③	溶接継手におけるエレクションピースに用いる仮ボルトは、高力ボルトの全数締付けとする。

3 鉄筋工事

ランク ★★★

例題 7 下記記述内の①から③の下線部の語句のうち最も不適当な箇所を 1 つあげ、適当な語句に直しなさい。

鉄筋のガス圧接を手動で行う場合、突き合せた鉄筋の圧接端面間のすき間は①5 mm 以下で、偏心、曲がりのないことを確認し、還元炎で圧接の端面間のすき間が完全に閉じるまで加圧しながら加熱する。

圧接端面間のすき間が完全に閉じた後、鉄筋の軸方向に適切な圧力を加えながら、②中性炎により鉄筋の表面と中心部の温度差がなくなるように十分加熱する。このときの加熱範囲は、圧接面を中心に鉄筋径の③2 倍程度とする。

解説 ガス圧接において、鉄筋の圧接端面相互のすき間は鉄筋径に関わらず **2 mm** 以下とし、できるだけすき間をなくすようにする。圧接不良の要因となるような偏心や曲がりがないことを確認する必要がある。

解答 ① **5 mm → 2 mm**

例題 8 下記記述内の①から③の下線部の語句のうち最も不適当な箇所を 1 つあげ、適当な語句に直しなさい。

ガス圧接の技量資格種別において、手動ガス圧接については、1 種から①4 種まであり、2 種、3 種、4 種となるに従って、圧接作業可能な鉄筋径の範囲が②大きくなる。技量資格種別が 1 種の圧接作業可能範囲は、異形鉄筋の場合は呼び名③D32 以下である。

解説 技量資格種別が 1 種の圧接作業可能範囲は、異形鉄筋の場合に扱える鉄筋は **D25 以下**である。

圧接技量資格者

技能資格	圧接作業可能範囲	
	種　類	鉄筋径
1種	SR235、SR295	25 φ以下および D25 以下
2種	SD295	32 φ以下および D32 以下
3種	SD345、SD390	38 φ以下および D38 以下
4種	SD490（3種または4種で可能）	50 φ以下および D51 以下

注）SD490 を圧接する場合は、施工前試験が必要

解答 ③　**D32 → D25**

ワンポイントアドバイス

[ガス圧接部の外観]

ふくらみの直径：鉄筋径の 1.4 倍以上

ふくらみの長さ：鉄筋径の 1.1 倍以上

圧接面のずれ　：鉄筋径の 1/4 以下

鉄筋中心軸の偏心量：鉄筋径の 1/5 以下

圧接部の折曲がり：2° 未満

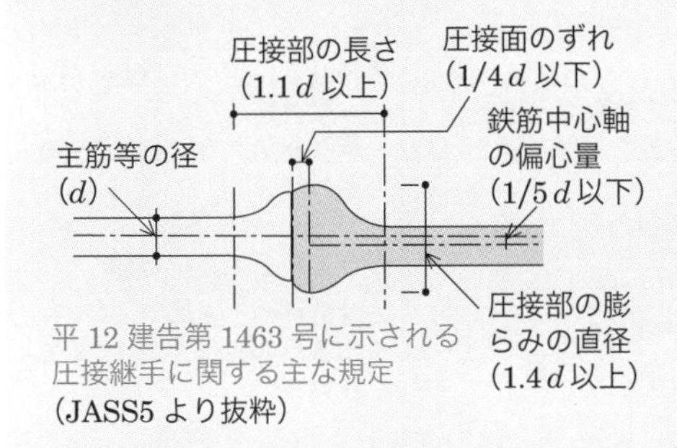

平 12 建告第 1463 号に示される
圧接継手に関する主な規定
(JASS5 より抜粋)

[外観検査における不良圧接部の処置]

・ふくらみの直径や長さが規定値に満たない場合：再加熱し、加圧して所定のふくらみの直径および長さに修正する。

・圧接面のずれが規定値を超えた場合：圧接部を切り取り、再圧接する。

・鉄筋の中心軸の偏心量が規定値を超えた場合：圧接部を切り取り、再圧接する。

・圧接部の折れ曲がり角度が 2° 以上の場合：再加熱して修正する。

鉄筋工事における、バーサポートまたはスペーサーの設置について施工上の留意事項を２つ、具体的に記述しなさい。

解答例

①	使用するバーサポートおよびスペーサーは、鉄筋やコンクリートの重量に対し十分な強度と剛性を有し、打ち込まれるコンクリートと同等の品質と耐久性を有するものとする。
②	モルタル製のものは、十分な強度や耐久性が確保できないおそれがあるので使用しない。
③	バーサポートおよびスペーサーの材質・形状・サイズは、使用箇所および所定のかぶり厚さに応じたものを用いる。
④	型枠と接触する部分は、防錆処理を施す。
⑤	断熱材打込み部は、スペーサーの脚部が断熱材に食い込み、かぶり厚さの確保が困難なため、めり込み防止用のものを用いる。

ワンポイントアドバイス

鉄筋のあき・間隔の最小寸法

鉄筋の種類		あき	間隔
異形鉄筋	←間隔→ D あき D	・呼び名の数値の 1.5 倍 ・粗骨材最大寸法の 1.25 倍 ・25 mm のうち最も大きい数値	・呼び名に用いた数値の 1.5 倍＋最外径 ・粗骨材最大寸法の 1.25 倍＋最外径 ・25 mm ＋最外径 のうち最も大きい数値
丸鋼	←間隔→ d あき d	・鉄筋径の 1.5 倍 ・粗骨材最大寸法の 1.25 倍 ・25 mm のうち最も大きい数値	・鉄筋径の 2.5 倍 ・粗骨材最大寸法の 1.25 倍＋鉄筋径 ・25 mm ＋鉄筋径 のうち最も大きい数値

D：鉄筋の最外径、d：鉄筋径（出典：JASS5 より）

4 土工事・地盤調査

ランク ★★★

例題 10 下記記述内の①から③の下線部の語句のうち最も不適当な箇所を1つあげ、適当な語句に直しなさい。

地下水処理工法におけるディープウェル工法やウェルポイント工法などの排水工法は、地下水の揚水によって水位を必要な位置まで低下させる工法であり、地下水位の低下量は、①揚水量や地盤の②透水性によって決まる。

必要揚水量が非常に多い場合、対象とする帯水層が深い場合や帯水層が砂礫層である場合には、③ウェルポイント工法が採用される。

解説 必要揚水量が非常に多い場合や、対象となる帯水層が深い場合、または帯水層が砂礫層であるなどの場合には、ディープウェル工法の採用が有効である。

解答 ③ **ウェルポイント工法 → ディープウェル工法**

例題 11 下記記述内の①から③の下線部の語句のうち最も不適当な箇所を1つあげ、適当な語句に直しなさい。

地盤の平板載荷試験は、地盤の変形および支持力特性を調べるための試験である。試験は、直径① 20 cm 以上の円形の鋼板に②ジャッキにより垂直荷重を与え、載荷圧力、載荷時間、沈下量を測定する。また、試験結果より求まる支持力特性は、載荷板直径の 1.5 ～③ 2.0 倍程度の深さの地盤が対象となる。

解説

- 載荷板は、一般に直径 **30 cm 以上**の円形で、厚さ 25 mm 以上の鋼板または同等以上の剛性を有する板を用いる（建築工事監理指針より）。
- 試験地盤は、半無限の表面をもつとみなせるよう載荷板の中心から半径 1.0 m 以上（載荷板直径の **3 倍以上**）の範囲を水平に整地する。
- 礫が混入した試験地盤では、礫の最大径が載荷板の直径の **1/5** 程度を目安とし、この条件を満たさない地盤では大型の載荷板を用いることが望ましい。

・平板載荷試験の目的が設計荷重の確認である場合、計画最大荷重の値は長期設計荷重の**3倍以上**に設定する必要がある。

解答 ① **20 cm → 30 cm**

例題 12 親杭横矢板工法における、横矢板の設置について施工上の留意事項を2つ、具体的に記述しなさい。

解答例

①	横矢板は、親杭にしっかり掛かるように掛かり代を考慮した長さのものを用いる。
②	横矢板は、土圧によるずれ・傾斜の防止として、縦方向に半抜き板などを用いてずれ止めを施す。
③	横矢板の板厚は、山留め計算により決定し、土圧に対して十分安全な厚さとする。

ワンポイントアドバイス

[排水工法]

① 釜場工法

根切り底面に集水ピット（釜場）を設け、集水した湧水や雨水をポンプで排水する。

② ディープウェル工法（深井戸工法）

・掘削した深井戸内に鋼管を挿入して、井戸内に流入してきた地下水を鋼管に設置した水中ポンプにより汲み上げ排水し、周辺地盤の地下水位を下げる。

・帯水層が深い場合や砂礫層の場合に適している。

③ ウェルポイント工法

・根切り部に沿ってウェルポイントを1～2m程度の間隔で地中に挿入し、真空吸引して地下水を汲み上げて、地下水位を下げる。

・透水性の高い粗砂層から透水性の低いシルト質細砂層程度の地盤に用いられる。

※工事中の排水打切りは、打切り前に浮力による地下構造物の浮き上がりに対して検討しておく必要がある。

5 地業工事

ランク★★☆

例題 13 下記記述内の①から③の下線部の語句のうち最も不適当な箇所を１つあげ、適当な語句に直しなさい。

アースドリル工法は、アースドリル機の①クラウンの中心を杭芯に正確に合わせ、機体を水平に据え付け、掘削孔が鉛直になるまでは慎重に掘削を行い、表層ケーシングを鉛直に建て込む。

一般に掘削孔壁の保護は、地盤表層部はケーシングにより、ケーシング下端以深は、②ベントナイトやCMCを主体とする安定液によりできるマッドケーキ（不透水膜）と③水頭圧により保護する。

解説 アースドリル工法は、アースドリル機のケリーバーの中心を杭芯に正確に合わせ、機体を水平に据え付けて、掘削孔が鉛直になるまで慎重に掘削を行い、表層ケーシングを鉛直に建て込まなければならない。

解答 ①　**クラウン → ケリーバー**

ワンポイントアドバイス

場所打ちコンクリート杭のコンクリート打込みにおける留意事項

- 打ち込むコンクリートと泥水などの混ざり防止のため、打込み開始前にプランジャーをトレミー管に設置する。
- 打設中は、トレミー管やケーシングチューブの先端がコンクリートの中に2m以上入っているようにする。
- コンクリートの打込みは、鉄筋かごの浮上りに注意して行う。
- ケーシング引抜き後のコンクリートの余盛りは、所要の高さを確保する。

例題 14 下記記述内の①から③の下線部の語句のうち最も不適当な箇所を１つあげ、適当な語句に直しなさい。

場所打ちコンクリート杭地業のオールケーシング工法において、掘削は①ドリリングバケットを用いて行い、１次スライム処理は、孔内水が②多い場合には、③沈殿バケットを用いて処理し、コンクリート打込み直前までに沈殿物が多い場合には、２次スライム処理を行う。

解説 オールケーシング工法は、ケーシングを揺動圧入しながら、ケーシング内の土砂をハンマーグラブを用いて掘削する。

解答 ① **ドリリングバケット → ハンマーグラブ**

例題 15 場所打ちコンクリート杭工事における、杭頭処理について施工上の留意事項を２つ、具体的に記述しなさい。

解答例

①	杭頭処理の時期は、コンクリートの打込みから 14 日程度経過したのちとする。
②	余盛りコンクリートのはつり作業では、杭体に損傷やひび割れを与えないように平らにはつり取り、杭頭を所定の高さにそろえる。
③	杭鉄筋は、コンクリートブレーカーなどにより折曲がりやひび割れおよび断面欠損などの損傷を与えない。

ワンポイントアドバイス

[スライム処理]

① アースドリル工法

１次処理：底ざらいバケット（杭径－10 cm）により除去し、孔壁が崩壊しないよう昇降は緩やかに行う。

２次処理：エアリフト方式などにより除去する。

② オールケーシング工法

１次処理：ハンマーグラブで静かに底ざらいを行う。スライムが多いときは、ハンマーグラブで底ざらいを行い、さらにスライムバケットで除去する。

２次処理：スライムが多いときは、エアリフト方式等により除去する。

③ リバース工法

１次処理：孔内水の循環によりスライム沈積量を少なくする。

２次処理：トレミー管とサクションポンプなどにより除去する。

＊次ページの表を参照

工法の特性（建築工事監理指針より）

区分		アースドリル	リバース	オールケーシング
杭径〔m〕		0.7 ～ 3.0	0.8 ～ 4.0	1.0、1.1、1.2、1.3、1.5、1.8、2.0
掘削方式		回転バケット	回転ビット	ハンマーグラブ
孔壁保持		安定液	泥水水頭圧	ケーシングチューブ
掘削能力〔m〕		50 m 程度（機種と孔径により異なる）	70 m 程度（機種と孔径により異なる）	40 m 程度（機種と孔径により異なる）
土質条件	粘土、シルト	適	適	適
	砂	適	適	適
	砂利、礫	粒径 10 cm 以下	ロッド内径の 70 ～ 80%以下	可［適］
	玉石	否	否	可（30 ～ 40 cm 径位まで）［適］
	土丹	可	可	困難［可］
	軟岩	否	困難	困難［可］
作業条件	騒音公害	適	適	適
	水上作業	不適	適	不適
	斜め杭	否	否	施工実績有（12 度）
長所		・低騒音、低振動 ・機械整備が簡単 ・仮設が簡単 ・施工速度が速い ・敷地境界から杭心までの施工に必要な距離が比較的小さい	・低騒音、低振動 ・通常自然泥水で孔壁保護ができる ・岩の掘削が特殊ビットで可能 ・水上施工が可能	・ケーシングを使用するので孔壁の崩壊がない ・確実な杭断面形状の確保がしやすい ・残土処理が比較的容易
短所		・礫(約10 cm以上)層の掘削が困難 ・安定液の管理が不適切な場合には孔壁崩壊を起こすことがある ・安定液の管理が不適切な場合は支持力およびコンクリート強度の低下を生じることがある ・廃泥土の処理がやや大変である	・ドリルパイプ径より大きい玉石（約 15 cm 以上）層の掘削が困難 ・水頭圧および比重の泥水管理が不十分であると孔壁崩壊を起こすことがある ・仮設が大掛かりとなる ・廃泥水の処理量が多い	・地下水位以下の細砂層が厚い場合ケーシングチューブの引抜きが困難となる ・杭径に制約がある ・水がない状態での掘削時の酸欠、有毒ガスの発生に注意する ・ボイリングやヒービングが発生しやすい ・鉄筋かごが共上がりすることがある ・ケーシングの引抜きの反力が必要で据付け地盤の補強が必要 ・敷地境界から杭心までの施工に必要な距離が比較的大きい

〔注〕1. アースドリルにおける杭径と掘削能力は、掘削機が大型化していることにより、3.0 m 以上の杭径や 70 m 程度まで施工可能な掘削機もある。
2. リバースにおける土質条件で、軟岩は困難としてあるが、特殊ビットを使用した場合は掘削可能。
3. オールケーシングによる杭径は、ケーシングチューブの圧力が揺動式の場合である。回転式の場合は表内杭径のほか、2.0 m 以上の施工が可能な機種もあり、掘削能力も 70 m 程度の実績もある。
4. オールケーシングにおける土質条件の［　］内は、回転式の場合。

6 型枠工事

ランク ★☆☆

例題 16 下記記述内の①から③の下線部の語句のうち最も不適当な箇所を1つあげ、適当な語句に直しなさい。

型枠に作用するコンクリートの側圧に影響する要因として、コンクリートの打込み速さ、比重、打込み高さ、柱や壁などの部位等があり、打込み速さが速ければコンクリートヘッドが①大きくなって、最大側圧が大となる。

また、せき板材質の透水性または漏水性が②大きいと最大側圧は小となり、打ち込んだコンクリートと型枠表面との摩擦係数が③大きいほど、液体圧に近くなり最大側圧は大となる。

解説 **型枠に作用するコンクリートの側圧に影響する要因**

- 打込み速さが速い → コンクリートヘッドが大きくなる ⇒ 最大側圧（大）
- 打込み高さが高い ⇒ 最大側圧（大）
- コンクリートと型枠表面の摩擦係数が**小さい** → 液体圧に近くなる ⇒ 最大側圧（大）
- コンクリートの比重が大きい ⇒ 最大側圧（大）
- コンクリートの温度や気温が高い → コンクリートの硬化が早まる ⇒ 最大側圧（小）
- せき板の透水性、漏水性が大きい ⇒ 最大側圧（小）

解答 ③ **大きい → 小さい**

例題 17 下記記述内の①から③の下線部の語句のうち最も不適当な箇所を1つあげ、適当な語句に直しなさい。

型枠工事における型枠支保工で、鋼管枠を支柱として用いるものにあっては、鋼管枠と鋼管枠との間に①交差筋かいを設け、支柱の脚部の滑動を防止するための措置として、支柱の脚部の固定、②根がらみの取付けなどを行う。

また、パイプサポートを支柱として用いるものにあっては、支柱の高さが③ 4.5 m を超えるときは、高さが 2 m 以内ごとに水平つなぎを 2 方向に設けなければならない。

解説 型枠支保工で、パイプサポートを支柱として用いるものにあっては、支柱の高さが **3.5 m** を超える場合は、高さ 2 m 以内ごとに水平つなぎを 2 方向に設け、かつ、水平つなぎの変位防止を講じる。

解答 ③ **4.5 m → 3.5 m**

型枠工事における、柱または梁型枠の加工・組立について施工上の留意事項を 2 つ、具体的に記述しなさい。

解答例

①	コンクリートの側圧による変形・はらみ、型枠取外し後のたわみを考慮して加工および組立てを行う。
②	柱型枠は、梁・壁の型枠の取付け前に、鉛直精度の確保のためにチェーンなどで控えを取り、変形がないように堅固に取り付ける。
③	柱型枠の締付けは、鉛直性を確保し、ねじれが起きないようにバランスよく締め付けていく。
④	締付けボルトの間隔は、コンクリートの側圧、ボルト耐力、桟木の断面などから計算により決定する。
⑤	型枠解体において、梁型枠の底は最後に解体するので型枠の組立て順序に注意する。

ワンポイントアドバイス

[型枠の存置期間]

① せき板の最小存置期間（JASS5 より）

コンクリート強度による場合

計画供用期間	コンクリートの圧縮強度
短期、標準	5 N/mm^2 以上に達するまで
長期、超長期	10 N/mm^2 以上に達するまで

II 第1章 躯体工事

材齢による場合（せき板の存置期間を定めるためのコンクリートの材齢）

セメントの種類 ＼ 平均気温	コンクリートの材齢〔日〕		
	早期ポルトランドセメント	普通ポルトランドセメント 高炉セメントＡ種 シリカセメントＡ種 フライアッシュセメントＡ種	高炉セメントＢ種 シリカセメントＢ種 フライアッシュセメントＢ種
20℃以上	2	4	5
20℃未満 10℃以上	3	6	8

② 支保工の存置期間：コンクリートの圧縮強度が当該部材の設計基準強度に達したことが確認できるまでとする。

③ せき板の取外し：原則として支保工の取外し後とする。

7 建設機械

ランク 

例題 19 下記記述内の①から③の下線部の語句のうち最も不適当な箇所を1つあげ、適当な語句に直しなさい。

ラフテレーンクレーンと油圧トラッククレーンを比較した場合、狭所進入、狭隘地作業性に優れるのは、①ラフテレーンクレーンである。

また、クローラクレーンのタワー式と直ブーム式を比較した場合、ブーム下のふところが大きく、より建物に接近して作業が可能なのは、②直ブーム式である。

定置式のタワークレーンの水平式と起伏式を比較した場合、吊上げ荷重が大きく、揚程が高くとれるのは、③起伏式である。

解説 クローラクレーンのタワー式は、ブーム（タワー）の先端にジブが取り付けられていて、直ブーム式に比べふところが深い。

解答 ② **直ブーム式 → タワー式**

8 仮設工事

ランク ★☆☆

例題 20 下記記述内の①から③の下線部の語句のうち最も不適当な箇所を1つあげ、適当な語句に直しなさい。

脚立足場において、足場板の長さが3.6 m以上の板を床材として用い、3以上の脚立にかけ渡す場合、足場板の設置高さは<u>① 2 m</u>以下、足場板の支点からの突出部の長さは、<u>② 10 cm</u>以上かつ20 cm以下とし、足場板を長手方向に重ねるときは、支点の上で重ね、その重ねた部分の長さは、<u>③ 15 cm</u>以上としなければならない。

解答 ③ **15 cm → 20 cm**

ワンポイントアドバイス

［足場の安全基準］

■ 単管足場

① 建地間隔：桁行方向は1.85 m以下、梁間方向は1.5 m以下とする。

② 建地の脚部：ベース金具を使用し、沈下・滑動および倒壊防止として敷板や敷角、根がらみなどを設ける。

③ 建地間の積載荷重：3,923N（400 kg）以下とし、見やすい位置に表示する。

④ 建地の高さが31 mを超える場合：最高部から31 mを超える部分の建地を2本組みとする。

⑤ 地上第一の布の高さ：地上2 m以下の位置とする。

⑥ 壁つなぎの間隔：垂直方向は5 m以下、水平方向は5.5 m以下とする。

⑦ 作業床：幅を40 cm以上とし、床材どうしのすき間は3 cm以内とする。

⑧ 墜落防止：高さ85 cm以上の手すりおよび中さん（高さ35 cm以上50 cm以下）を設ける。

■ 枠組足場

① 高さ：原則として45 m以下とする。

② 高さが20 mを超える場合および重量物の積載を伴う作業の場合：主枠の高さを2 m以下、間隔を1.85 m以下とする。

③ 建地の脚部：ベース金具を使用し、沈下・滑動および倒壊防止として敷板や敷角、根がらみなどを設ける。

④　壁つなぎの間隔：垂直方向は9m以下、水平方向は8m以下とする。

⑤　水平材：最上層および5層以内ごとに設ける。

⑥　作業床：幅を40cm以上とし、床材どうしのすき間は3cm以内とする。

■つり足場

①　足場上は不安定なため、梯子や脚立などを用いた作業を行ってはならない。

②　作業床：幅を40cm以上とし、床材どうしのすき間はなくす。

1-2　躯体工事の演習問題

1　コンクリート工事

ランク★★★

演習問題1　次の記述において、ⓐからⓔの下線部のうち最も不適当な語句または数値の下部の記号とそれに替わる適当な語句または数値との組合せを、下の枠内から1つ選びなさい。

フレッシュコンクリートのスランプ試験は、ⓐ高さ ⓑ300mmの金属製スランプコーンを用いて行い、試料をほぼ等しい量のⓒ2層に分けて詰め、各層ごとに、突き棒で均した後、ⓓ25回一様に突く。この割合で突いて材料の分離を生ずるおそれのあるときは、分離を生じない程度に突き数をⓔ減らす。

(1) ⓐ－直径　(2) ⓑ－500mm　(3) ⓒ－3層　(4) ⓓ－15回
(5) ⓔ－増やす

解説　フレッシュコンクリートのスランプ試験に用いる試料は、水平に設置した平板上に置いたスランプコーンにほぼ等しい量の**3層**に分けて詰める（JIS A 1101）。

解答　(3)

演習問題2 次の記述において、ⓐからⓔの下線部のうち最も不適当な語句または数値の下部の記号とそれに替わる適当な語句または数値との組合せを、下の枠内から1つ選びなさい。

コンクリートポンプ工法によるⓐ1日におけるコンクリートの打込み区画およびⓑ打込み量は、建物の規模および施工時間、レディーミクストコンクリートの供給能力を勘案して定める。

コンクリートの打込み速度は、スランプ18 cm程度の場合、打ち込む部位によっても変わるが、20～ⓒ30 m^3/h が目安となる。

また、スランプ10～15 cmのコンクリートの場合、公称棒径45 mmの棒形振動機1台あたりの締固め能力は、10～ⓓ30 m^3/h 程度である。

なお、コンクリートポンプ1台あたりの圧送能力は、20～ⓔ50 m^3/h である。

(1) ⓐ－1時間　(2) ⓑ－締め固め量　(3) ⓒ－100 m^3/h　(4) ⓓ－15 m^3/h
(5) ⓔ－150 m^3/h

解説 コンクリートの打込み速度は、打ち込む部位により異なるが、十分に締固めができる範囲とし、コンクリートのスランプが18 cm程度の場合のコンクリートポンプ工法による打込み速度は20～30 m^3/h が目安となる。

また、コンクリートのスランプが10～15 cm程度の場合、公称棒径が45 mmの棒形振動機1台の締固め能力は、**10～15 m^3/h** 程度である。

解答 (4)

演習問題3 次の記述において、ⓐからⓔの下線部のうち最も不適当な語句または数値の下部の記号とそれに替わる適当な語句または数値との組合せを、下の枠内から1つ選びなさい。

コンクリート工事において、暑中コンクリートの練上り温度に影響するのは、主にⓐ骨材の温度であり、荷下ろし時のコンクリート温度はできるだけⓑ低くする。また、寒中コンクリートは、ⓒ積算温度によって管理される。

マスコンクリートの場合は、ⓓ表面部の温度をできるだけⓔ低くするのが、施工上大切なことである。

(1) ⓐ－型枠　(2) ⓑ－高く　(3) ⓒ－日平均気温　(4) ⓓ－内部
(5) ⓔ－高く

解説 **マスコンクリート**は、コンクリート表面と内部の温度差などによるひび割れを防止するため、**内部温度**をできるだけ低くする必要がある。

暑中コンクリート

- 荷下ろし時のコンクリート温度は、原則として35℃以下とする。
- コンクリートの練混ぜから打込み終了までの時間は、90分以内とする。
- 打込み後の養生：特に水分の急激な発散および日射による温度上昇の防止のため、散水によりコンクリートの表面を常に湿潤に保つ必要がある。
- 湿潤養生の開始時期

  コンクリート上面：ブリーディング水が消失した時点

  せき板に接する面：脱型直後

解答 (4)

演習問題 4 次の記述において、ⓐからⓔの下線部のうち最も不適当な語句または数値の下部の記号とそれに替わる適当な語句または数値との組合せを、下の枠内から1つ選びなさい。

コンクリートのスランプがⓐ過大になると粗骨材の分離の傾向やブリージング量がⓑ大きくなる。

スランプをⓒ小さくし、かつⓓ単位セメント量や細骨材率をⓔ大きくすれば、ワーカビリティーのよいコンクリートが得られる。

(1) ⓐ－過小 (2) ⓑ－小さく (3) ⓒ－大きく (4) ⓓ－単位水量
(5) ⓔ－小さく

解答 (3)

演習問題 5 以下のコンクリート工事において、施工上の留意事項をそれぞれ2つ、具体的に記述しなさい。ただし、解答はそれぞれ異なる内容の記述とし、作業員の安全に関する記述は除くものとする。また、使用資機材に不良品はないものとする。

1. コンクリートのひび割れ防止のための、コンクリート打設方法または打設後

の養生方法
2. コンクリート打設後の養生についての留意事項（その理由を含む）
3. コンクリートの打込み後、梁とスラブの境目の上面に発生しやすい沈みひび割れを防止する方法（型枠の変形はないものとする）

解答例

1	①	打設は、打設箇所・配筋状況およびコンクリートの品質に応じて、十分な締固めが行えるように人員を配置し、打設に使用する機械器具を用いる。
	②	打設後のコンクリートの表面は、養生マットや水密シートで覆うか散水を行い、湿潤状態を保ち、急激な水分の蒸発を防止する。
2	①	コンクリートの硬化初期では、セメントの水和反応に必要な水分を確保し、健全なコンクリートの強度発現のために、十分な湿潤状態を保つ。
	②	硬化の進んでいないコンクリートは、振動や衝撃などによりひび割れや変形が生じやすくなるので打設後少なくとも1日間はその上での歩行や作業は行わない。
3	①	コンクリートの凝結前にブリーディング水を除去する。
	②	コンクリートの表面をタンピングすることにより沈みひび割れを除去する。

ワンポイントアドバイス

沈みひび割れの防止として、鉛直部材のコンクリート打込み終了後、いったん打ち止めて締固めを十分に行い、沈降終了後に、梁およびスラブ部材のコンクリート打込みとすることは有効である。

2 鉄骨工事

演習問題 6　次の記述において、ⓐからⓔの下線部のうち最も不適当な語句または数値の下部の記号とそれに替わる適当な語句または数値との組合せを、下の枠内から 1 つ選びなさい。

鉄骨の現場溶接作業において、防風対策は特に配慮しなければならない事項である。

アーク熱によって溶かされた溶融金属は大気中の酸素やⓐ窒素が混入しやすく、凝固するまで適切な方法で外気から遮断する必要があり、このとき遮断材料として作用するものが、ガスシールドアーク溶接の場合はⓑシールドガスである。

しかし、風の影響によりⓑシールドガスに乱れが生じると、溶融金属の保護が不完全になり溶融金属内部にⓒアンダーカットが生じてしまう。溶接作業が可能な風速のⓓ限度は、溶接方法により異なり、被覆アーク溶接およびセルフシールドアーク溶接は、10 m/s 程度、耐風仕様でない一般的なガスシールドアーク溶接はⓔ 2 m/s 程度である。

(1) ⓐ－二酸化炭素　(2) ⓑ－溶融スラグ　(3) ⓒ－ブローホール
(4) ⓓ－最小値　(5) ⓔ－ 4 m/s

解説　現場溶接では暴風対策が重要となる。

アーク熱により溶かされた溶融金属は大気中の酸素および窒素が混入しやすく、凝固するまで適切に遮断しなければならない。

遮断材料として作用するもの

・被覆アーク溶接、セルフシールドアーク溶接：溶融スラグ
・ガスシールドアーク溶接：シールドガス

風の影響でシールドガスなどに乱れが生じると、溶融金属の保護が不完全と**ブローホール**などの内部欠陥が生じてしまう。

解答　(3)

演習問題 7　次の記述において、ⓐからⓔの下線部のうち最も不適当な語句または数値の下部の記号とそれに替わる適当な語句または数値との組合せを、下の枠内から 1 つ選びなさい。

鉄骨工事におけるスタッド溶接で、溶接後の仕上り高さと傾きは溶接部の品質や施工条件の良否と密接な関係があるが、アークの発生が過度な場合には、所定の高さよりⓐ高くなる。

溶接されたスタッドの仕上り高さは、設計寸法のⓑ± 2 mm 以内、傾きはⓒ 5 度以下とする。

また、母材およびスタッド材軸部に 0.5 mm 以上のⓓアンダーカットが発生すると所定の強度が得られないので不合格とし、ⓔ隣接部に打直しを行う。

(1) ⓐ－低く　(2) ⓑ－±5 mm　(3) ⓒ－15度　(4) ⓓ－ブローホール
(5) ⓔ－同位置

解説　スタッド溶接の溶接後の仕上り高さは、**アークの発生が過度**の場合は所定の仕上り高さより**低くなり**、アークの発生が**不十分**の場合は所定の仕上り高さより**高くなる**（建築工事監理指針）。

解答　(1)

演習問題 8　次の記述において、ⓐからⓔの下線部のうち最も不適当な語句または数値の下部の記号とそれに替わる適当な語句または数値との組合せを、下の枠内から1つ選びなさい。

鉄骨の完全溶込み溶接において、完全溶込み溶接突合せ継手および角継手の余盛高さの最小値はⓐ 0 mmとする。

裏当て金付きのT継手の余盛高さの最小値は、突き合わせる材の厚さのⓑ 1/4とし、材の厚さが40 mmを超える場合はⓒ 10 mmとする。

裏はつりT継手の余盛高さの最小値は、突き合わせる材の厚さのⓓ 1/10とし、材の厚さが40 mmを超える場合はⓔ 5 mmとする。

余盛は応力集中を避けるため、滑らかに仕上げ、過大であったり、ビード表面に不整があってはならない。

(1) ⓐ－3 mm　(2) ⓑ－1/8　(3) ⓒ－5 mm　(4) ⓓ－1/8　(5) ⓔ－10 mm

解説　完全溶込み溶接の突合せ継手および角継手の余盛高さは0 mm以上とする。

完全溶込み溶接の裏当て金付きT継手の余盛高さは、突き合わせる材の厚さの1/4とし、材の厚さが40 mmを超える場合の余盛高さは10 mmとする。

また、裏はつりがあるT継手の場合の余盛高さは、突き合わせる材の厚さの**1/8**とし、材の厚さが40 mmを超える場合は5 mmとする。

応力集中の防止のため、余盛は滑らかに仕上げ、過大な余盛やビード表面の形状が不整であってはならない。

解答　(4)

演習問題 9　以下の鉄骨工事において、施工上の留意事項をそれぞれ2つ、具体的に記述しなさい。ただし、解答はそれぞれ異なる内容の記述とし、作業員の安全に関する記述は除くものとする。また、使用資機材に不良品はないものとする。

1. トルシア形高力ボルトの締付け
2. 建入れ直しを行うときの留意事項
3. トルシア形高力ボルトの本締め完了後に目視により確認すべき事項

解答例

1	①	高力ボルトの締付けに用いるトルクレンチは、誤差が±3%以内の精度で十分整備されたものを用いる。
	②	本締めは、専用の締付け機を用い、ピンテールが破断するまで締め付ける。
2	①	建入れ直しは、建方の進行に合わせ各節ごとに行い、面積が広い・スパン数が多い場合は、小区画に区切って行う。
	②	ターンバックル付き筋かいを有する構造物は、その筋かいを建入れ直しに兼用してはならない。
3	①	1次締め後のマーキングによるマークのずれによりナットの回転量、共回りおよび軸回りの有無を確認する。
	②	ボルトの余長がナット面からねじ山1～6山分出ているかの確認を行う。

ワンポイントアドバイス

建入れ直しは、建方精度の規定に基づき行う必要がある。

建方精度の測定では、測定時間を決めて行うなど日照による温度変化の影響を受けないように考慮する必要がある。また、工期が長期にわたる場合は、季節や気候の変化に応じ測定器の温度補正を行う。

演習問題 10　次の記述において、ⓐからⓔの下線部のうち最も不適当な語句または数値の下部の記号とそれに替わる適当な語句または数値との組合せを、下の枠内から 1 つ選びなさい。

隣接する鉄筋の継手のずらし方において、ガス圧接継手とする場合は、隣り合う鉄筋のガス圧接部の位置をⓐ 300 mm 以上となるようにずらす。鉄筋径の差がⓑ 7 mm を超える場合は、原則、ガス圧接継手を設けてはならない。また、重ね継手とする場合は、隣り合う重ね継手の中心位置を、重ね継手長さの約ⓒ 0.5 倍ずらすか、ⓓ 1.5 倍以上ずらす。

ⓔ D35 以上の異形鉄筋を用いる場合、原則、重ね継手は設けない。

(1) ⓐ− 400 mm　(2) ⓑ− 5 mm　(3) ⓒ− 1.0 倍　(4) ⓓ− 1.0 倍
(5) ⓔ− D25

解説　鉄筋の継手にガス圧接を行う場合は、隣り合う鉄筋のガス圧接部の位置を **400 mm** 以上ずらすことを原則とする。(JASS5)

解答　(1)

演習問題 11　次の記述において、ⓐからⓔの下線部のうち最も不適当な語句または数値の下部の記号とそれに替わる適当な語句または数値との組合せを、下の枠内から 1 つ選びなさい。

鉄筋の機械式継手において、カップラーなどの接合部分の耐力は、継手を設ける主筋等の降伏点に基づく耐力以上とし、引張力の最も小さな位置に設けられない場合は、当該耐力のⓐ 1.35 倍以上の耐力または主筋等のⓑ引張強さに基づく耐力以上とする。

モルタル、グラウト材その他これに類するものを用いて接合部を固定する場合にあっては、当該材料の強度をⓒ 50 N/mm^2 以上とする。

ナットを用いたⓓ曲げモーメントの導入によって接合部を固定する場合にあっては、所定の数値以上のⓓ曲げモーメント値とし、導入軸力は 30 N/mm^2 をⓔ下回ってはならない。

(1) ⓐ－1.1倍 (2) ⓑ－降伏点 (3) ⓒ－30 N/mm² (4) ⓓ－トルク
(5) ⓔ－上回って

解説 機械式継手に関して建設省告示（平成12年5月31日 建設省告示 第1463号「鉄筋の継手の構造方法を定める件」）により定められている。

機械式継手のカップラーなどの接合部の耐力

・継手を設ける主筋などの降伏点に基づく耐力以上とする。

・引張力の最も小さな位置に設けられない場合は、当該耐力の1.35倍以上の耐力または主筋などの引張強さに基づく耐力以上とする。

・接合部は、確実に固定し、構造耐力上支障のある滑りなどがあってはならない。

接合部の固定

・モルタル、グラウト材その他これに類するものを用いて接合部を固定する場合

当該材料の強度を50 N/mm²以上とする。

・ナットを用いた**トルク**の導入により接合部を固定する場合

告示式により求めた所定の数値以上のトルク値とし、導入軸力は30 N/mm²を下回ってはならない。

・圧着により接合部を固定する場合

カップラーなどの接合部に接合する鉄筋を密着させなければならない。

解答 (4)

演習問題 12 次の記述において、ⓐからⓔの下線部のうち最も不適当な語句または数値の下部の記号とそれに替わる適当な語句または数値との組合せを、下の枠内から1つ選びなさい。

鋼材は、一般的に炭素量が増すとⓐ伸びは低下する。鉄筋におけるSD295は、ⓑ引張り強さが295 N/mm² ⓒ以上のⓓ異形棒鋼である。

異形棒鋼は、節やリブが加工された棒鋼で、丸鋼に比べて、コンクリートとの付着性能が高く、定着長さがⓔ短くなる。

（1）ⓐ－硬度　（2）ⓑ－降伏点　（3）ⓒ－以下　（4）ⓓ－丸鋼　（5）ⓔ－長く

解説　異形棒鋼において、SD295・SD345・SD390などの各数値は**降伏点**を示している。

解答　（2）

演習問題 13　以下の鉄筋工事において、施工上の留意事項をそれぞれ2つ、具体的に記述しなさい。ただし、解答はそれぞれ異なる内容の記述とし、作業員の安全に関する記述は除くものとする。また、使用資機材に不良品はないものとする。

鉄筋の組立てを行うとき。ただし、材料の性質およびガス圧接に関する記述は除くものとする。

解答例

①	鉄筋は、所定の位置に正確に配筋し、コンクリートの打込み完了時まで移動のないよう堅固に組み立てる。
②	鉄筋の重ね継手の位置および長さ、定着長およびのみ込み長さが所要の位置および長さとなっていることの確認を行う。

ワンポイントアドバイス

鉄筋の継手位置は、原則として応力が小さく、かつ常時はコンクリートに圧縮応力が生じている箇所とし、隣接する継手は同じ位置に集中させないようにする。

柱主筋の継手：応力の大きくなる両端部は避け、最下階の柱は柱脚から柱せい以上離した位置に設けるとよい。

梁下端主筋の継手：梁端部から梁せい以上離れた位置に設ける。

4 土工事

ランク★★★

演習問題 14 次の記述において、ⓐからⓔの下線部のうち最も不適当な語句または数値の下部の記号とそれに替わる適当な語句または数値との組合せを、下の枠内から1つ選びなさい。

根切りにおいて、床付け面を乱さないため、機械式掘削では、通常床付け面上30～50ⓐcmの土を残して、残りを手掘りとするか、ショベルの刃をⓑ平状のものに替えて掘削する。床付け面を乱してしまった場合は、礫や砂質土であればⓒ水締めで締め固め、粘性土の場合は、良質土に置換するか、ⓓセメントや石灰などによる地盤改良を行う。また、杭間地盤の掘り過ぎや掻き乱しは、杭のⓔ水平抵抗力に悪影響を与えるので行ってはならない。

(1) ⓐ－mm　(2) ⓑ－つめ状　(3) ⓒ－ローラー等　(4) ⓓ－モルタル
(5) ⓔ－鉛直

解説 砂質地盤の根切りにおいて、過度の深堀りや床付け面を乱してしまった場合は、**ローラー**などの**締固め機械**による転圧や締固めを行い、自然地盤と同等の強度を確保する（建築工事監理指針）。

解答 (3)

演習問題 15 次の記述において、ⓐからⓔの下線部のうち最も不適当な語句または数値の下部の記号とそれに替わる適当な語句または数値との組合せを、下の枠内から1つ選びなさい。

山留め工事において、切梁にプレロードの導入をするときは、切梁ⓐ交差部の締付けボルトをⓑ緩めた状態で行うので、切梁が蛇行しないようにずれ止めを設ける。上下に交差して切梁を架設した場合は、ⓒ上段切梁からプレロードの導入を行うが、一度に両方向のずれ止めを取り付けると切梁の動きがⓓ拘束され、切梁が蛇行するなどの悪影響が起こるため、上下二度に分けて取り付ける必要がある。

また、プレロードの導入に際し、同一方向の切梁はなるべくⓔ同時に加圧する。

(1) ⓐ－接合部　(2) ⓑ－締め付けた　(3) ⓒ－下段　(4) ⓓ－解放　(5) ⓔ－別々

解説 上下に交差して切梁を架設した場合は、**下段**の切梁からプレロードを導入する。

解答 (3)

演習問題 16 次の記述において、ⓐからⓔの下線部のうち最も不適当な語句または数値の下部の記号とそれに替わる適当な語句または数値との組合せを、下の枠内から1つ選びなさい。

山留め工事において、軟弱な粘性土地盤における下部地盤の回り込みといわれるもので、根切り底面に周囲の地盤が回り込んで盛り上がってくる状態をⓐパイピングという。砂質土のように透水性のⓑ大きい地盤で、遮水性の山留め壁を用いて根切りする場合、根切りの進行に伴って生じる水位差によって、根切り底面付近の砂質土地盤にⓒ上向きの浸透流が生じ、この浸透水のⓒ上向きの浸透力が砂の水中での有効重量より大きくなると、ⓒ上向きの水流によって砂粒子が水中で浮遊するⓓクイックサンドと呼ばれる状態となる。ⓓクイックサンドが発生すると砂質土地盤は支持力を失い、沸騰したような状態でその付近の地盤が破壊する。この現象をⓔボイリングという。

(1) ⓐ－ヒービング　(2) ⓑ－小さい　(3) ⓒ－下向き　(4) ⓓ－ボイリング
(5) ⓔ－盤ぶくれ

解説 軟弱な粘性土地盤において、根切り底面に周囲の地盤が回り込んで盛り上がる現象を**ヒービング**という。

解答 (1)

演習問題 17 以下の土工事において、施工上の留意事項を2つ、具体的に記述しなさい。

ただし、材料の保管、作業環境（騒音、振動、気象条件など）および作業員の安全に関する記述は除くものとする。

山留め支保工において、地盤アンカーを用いる場合の施工上の留意事項
ただし、山留め壁に関する記述は除くものとする。

解答例

①	アンカー部分が敷地の外に出てしまう場合は、事前に隣地管理者など関係者の了解を得てから施工を行う。
②	地中の埋設物に十分注意して施工する。
③	地盤アンカーの引抜き耐力が、設計アンカー力の1.1倍以上であることを全数について確認する。
④	山留め壁の背面地盤が軟弱な粘性土の場合、耐力確保のための定着長さが長くなるので注意して施工する。

演習問題 18　以下の土工事において、施工上の留意事項をそれぞれ2つ、具体的に記述しなさい。ただし、解答はそれぞれ異なる内容の記述とし、作業員の安全に関する記述は除くものとする。また、使用資機材に不良品はないものとする。

切梁プレロード工法を用いた山留め工事において、切梁にプレロードを導入するときの施工上の留意事項。

解答例

①	プレロードの導入により切梁が蛇行しないようにずれ止めを設ける。
②	プレロードの載荷期間は、地盤の最終沈下量を求め、許容される残留沈下量から決定する。

ワンポイントアドバイス

切梁プレロード工法を用いる場合の留意点（建築工事監理指針）

① 切梁に導入するプレロード量は、地盤条件・荷重条件、山留め壁の応力や変形・切梁軸力の計測結果、山留め設計図書などを総合的に検討し決定する。

② プレロード導入に先立ち、切梁材の日照などの影響による温度応力を検討し、切梁耐力の安全性を確認する。

③ プレロードの加圧時は、山留め壁の応力・変形・切梁の軸力などの計測を行い、軸力が均等に伝達されていることを確認し、異常がないか点検する。

④ 多段切梁の場合は、上段切梁の軸力が著しく低下しないように留意する。

5　地業工事

ランク ★★☆

演習問題 19　次の記述において、ⓐからⓔの下線部のうち最も不適当な語句または数値の下部の記号とそれに替わる適当な語句または数値との組合せを、下の枠内から 1 つ選びなさい。

アースドリル工法における安定液は、ベントナイト、CMC、分散剤などからなり、ⓐ分散剤は液の劣化を防ぎ、繰返し使用を可能にするものである。安定液の配合は、必要な造壁性・比重のもので、短時間に砂分をⓑ沈降させるため、できるだけⓒ高粘性のものとするのがよい。

なお、粘性はファンネル粘性で表されるが、その数字がⓓ大きいほど粘性はⓔ高くなる。

(1) ⓐ－ベントナイト　(2) ⓑ－浮遊　(3) ⓒ－低粘性　(4) ⓓ－小さい
(5) ⓔ－低く

解説　アースドリル工法における孔壁保護に用いる**安定液**の配合は、必要な造壁性および比重のものとし、砂分を短時間に沈降させるためには、できるだけ**低粘性**のものがよい。

解答　(3)

演習問題 20　次の記述において、ⓐからⓔの下線部のうち最も不適当な語句または数値の下部の記号とそれに替わる適当な語句または数値との組合せを、下の枠内から 1 つ選びなさい。

既製コンクリート杭の埋込み工法において、杭芯ずれを低減するためには、ⓐ掘削ロッドの振れ止め装置を用いることや、杭芯位置からⓑ直角二方向に逃げ芯を取り、掘削中や杭の建込み時にも逃げ芯からの距離を随時確認することが大切である。

一般的な施工精度の管理値は、杭芯ずれ量がⓒ D/4 以下（D は杭直径）、ⓓ 150 mm 以下、傾斜ⓔ 1/100 以内である。

（1）ⓐ－ドリリングバケット　（2）ⓑ－任意の　（3）ⓒ－ D/2
（4）ⓓ－ 100 mm　（5）ⓔ－ 1/50

解説　**既製コンクリート杭の施工精度（一般的な管理値の目安）**

・鉛直精度：1/100 以内

・杭芯ずれ量：杭径の 1/4 かつ 100 mm 以下

解答　（4）

ワンポイントアドバイス

既製コンクリート杭（埋込み工法）における支持力確保のための施工管理上の確認方法

既製コンクリート杭（埋込み工法）では、支持力確保のため、掘削深度および杭先端深度が設計深度に到達しなければならない。

・掘削機内の深度計と併せて、ロッドに表示した基準レベルにより掘削深度の確認を行う。
・引上げたオーガーヘッドに付着した掘削土とボーリング調査により採取した土質サンプルを照合し、設計深度の土質か確認する。
・掘削機の電流計の値および波形とボーリング柱状図の N 値の変動形状を比較する。
・本杭の施工に先立ち、試験杭を行い、試験杭結果を基に施工方法、支持層の確認方法を決定する。

演習問題 21　以下の地業工事において、施工上の留意事項を 2 つ、具体的に記述しなさい。ただし、解答はそれぞれ異なる内容の記述とし、作業員の安全に関する記述は除くものとする。また、使用資機材に不良品はないものとする。

オールケーシング工法を用いた杭工事において、鉄筋かごの共上がりを防止するための施工上の留意事項。

解答例

①	ケーシングチューブの内面の清掃を十分に行う。
②	鉄筋かごは、曲がりや変形が生じないように建て込む。

ワンポイントアドバイス

場所打ちコンクリート杭の支持層確認

① アースドリル工法：バケット内の土砂を土質柱状図および土質サンプルと対比確認する。ケリーバーの振れおよび回転抵抗なども参考となる。

② リバース工法：デリバリーホースの末端から掘削土砂を採取し、土質柱状図および土質サンプルと対比確認する。

③ オールケーシング工法：ハンマーグラブで排土した土砂を土質柱状図および土質サンプルと対比確認する。

6 型枠工事

演習問題 22 次の記述において、ⓐからⓔの下線部のうち最も不適当な語句または数値の下部の記号とそれに替わる適当な語句または数値との組合せを、下の枠内から1つ選びなさい。

型枠組立てにあたって、締付け時に丸セパレーターのせき板に対する傾きが大きくなると丸セパレーターの破断強度が大幅にⓐ低下するので、できるだけⓑ直角に近くなるように取り付ける。

締付け金物は、締付け不足でも締付け過ぎても不具合が生じるので、適正に使用することが重要である。

締付け金物を締付け過ぎると、せき板がⓒ内側に変形する。

締付け金物の締付け過ぎへの対策として、ⓓ内端太（縦端太）を締付けボルトとできるだけⓔ離すなどの方法がある。

(1) ⓐ－上昇　(2) ⓑ－水平　(3) ⓒ－外側　(4) ⓓ－外端太（横端太）
(5) ⓔ－近接させる

解説 **丸セパレーターのせき板に対する傾き**

- 傾きが大きい⇒丸セパレーターの破断強度が大幅に低下する
- 丸セパレーターはせき板に直角となるように取り付ける。

型枠の締付け金物

- 締付け金物の締付けの過不足
  締付け不足は、コンクリート打込によりせき板が外側に変形する。
  締付け過ぎは、コンクリート打込によりせき板が内側に変形する。
  締付け金物は、締付けの過不足がないように適正に使用しなければならない。
- 締付け金物の締付け過ぎの対策に、内端太（縦端太）と締付けボルトをできるだけ近接させるなどの方法がある。

解答　(5)

演習問題 23　以下の型枠工事において、施工上の留意事項をそれぞれ2つ、具体的に記述しなさい。ただし、解答はそれぞれ異なる内容の記述とし、作業員の安全に関する記述は除くものとする。また、使用資機材に不良品はないものとする。

1. 型枠支保工の存置または取外しに関して、躯体の品質を確保するうえでの留意事項。ただし、材料に関する記述および組立・解体の作業手順に関する記述は除くものとする。
2. 床型枠として用いるデッキプレート（フラットデッキ）の敷込み時における施工上の留意事項。

解答例

1	①	スラブ下および梁下の支保工の存置期間は、コンクリートの圧縮強度が設計基準強度以上であることを確認されるまでとする。
	②	型枠の取外しは、コンクリートに損傷を与えず、支保工や埋込治具を傷めないように丁寧に取り外し、原則として支柱の盛替えは行わない。
2	①	コンクリート梁との接合の場合、フラットデッキののみ込み代があり、断面欠損を避けるため梁側面の増打ちを行う。
	②	フラットデッキは衝撃に弱いので、養生方法、揚重方法、吊り治具の選定に注意し、敷設時にはめ込みにくいなどの手戻りがないようにする。

7 建設機械

ランク ★☆☆

演習問題 24 次の記述において、ⓐからⓔの下線部のうち最も不適当な語句または数値の下部の記号とそれに替わる適当な語句または数値との組合せを、下の枠内から1つ選びなさい。

クレーンの性能において、トラッククレーンの油圧式と機械式を比較した場合、一般的に作業半径が大きくとれるのはⓐ機械式であり、クローラークレーンのタワー式と直ブーム式を比較した場合、ⓑ吊上げ荷重を大きくとれるのはⓒタワー式であり、定置式のタワークレーンの水平式と起伏式を比較した場合、吊上げ荷重が大きく揚程を高くとれるのはⓓ起伏式である。

クレーンの作業は、10分間の平均風速がⓔ 10 m/s 以上の強風の場合、作業を中止する。

(1) ⓐ－油圧式　(2) ⓑ－定格荷重　(3) ⓒ－直ブーム式　(4) ⓓ－水平式
(5) ⓔ－ 30 m/s

解答 (3)

8 仮設工事

ランク ★☆☆

演習問題 25 次の記述において、ⓐからⓔの下線部のうち最も不適当な語句または数値の下部の記号とそれに替わる適当な語句または数値との組合せを、下の枠内から1つ選びなさい。

つり足場における作業床のⓐ最大積載荷重は、現場の作業条件等により定めて、これを超えて使用してはならない。

つり足場のつり材は、ゴンドラのつり足場を除き、定めた作業床のⓐ最大積載荷重に対して、使用材料の種類による安全係数を考慮する必要がある。

安全係数は、つりワイヤロープおよびつり鋼線はⓑ 7.5 以上、つり鎖およびつりフックはⓒ 5.0 以上、つり鋼帯およびつり足場の上下支点部が鋼材の場合ⓓ 2.5 以上、つり足場の上下支持部が木材の場合はⓔ 5.0 以上とする。

(1) ⓐ－許容　(2) ⓑ－ 10　(3) ⓒ－ 2.5　(4) ⓓ－ 2.0　(5) ⓔ－ 2.5

解説　つり足場における作業床の最大積載荷重は、現場の作業条件などにより定め、かつ、これを超えて使用してはならない。

つり足場（ゴンドラのつり足場を除く）のつり材は、定めた作業床の最大積載荷重に対して、使用材料の種類に応じた安全係数を考慮しなければならない。

使用材料の種類による安全係数

・つりワイヤロープおよびつり鋼線：**10** 以上
・つり鎖およびつりフック：5 以上
・つり鋼帯：2.5 以上
・つり足場の上下支点部が鋼材の場合：2.5 以上
・つり足場の上下支点部が木材の場合：5 以上

解答　(2)

演習問題 26　次の記述において、ⓐからⓔの下線部のうち最も不適当な語句または数値の下部の記号とそれに替わる適当な語句または数値との組合せを、下の枠内から 1 つ選びなさい。

作業場に通じる場所および作業場内には、ⓐ労働者が使用するための安全な通路を設け、かつ、これを常時有効に保持しなければならない。

通路で主要なものにはこれを保持するため通路であることを示す表示をしなければならない。

ⓑ屋内に設ける通路は用途に応じた幅を有し、ⓒ通路面から高さⓓ 1.8 m 以内に障害物を置いてはならない。

機械間またはこれと他の設備との間に設ける通路については、幅ⓔ 60 cm 以上としなければならない。

(1) ⓐ－事業者　(2) ⓑ－屋外　(3) ⓒ－地上面　(4) ⓓ－ 2.0 m
(5) ⓔ－ 80 cm

解説　**通路（労働安全衛生規則 第 540 条）**

・作業場に通じる場所および作業場内には、労働者が使用するための安全な通路を設けなければならない。
・労働者が使用するための安全な通路は常時有効に保持しなければならな

い。

- 主要な通路には、これを保持するため、通路であることを示す表示をしなければならない。

屋内に設ける通路（労働安全衛生規則 第542条）

- 屋内に設ける通路は、用途に応じた幅を有し、通路面は通行に危険のない状態を保持しなければならない。
- 通路面から高さ1.8 m以内に障害物を置いてはならない。

機械間などの通路（労働安全衛生規則 第543条）

- 機械間または機械と他の設備との間に設ける通路の幅は、**80 cm**以上としなければならない。

解答　(5)

仕上工事

2-1 仕上工事の例題から学ぶ

1 防水・シーリング工事

ランク ★★★

例題 1 屋上アスファルト防水保護層の平場部の工事における施工上の留意事項を2つ、具体的に記述しなさい。
ただし、保護層の仕上げはコンクリート直均し仕上げとする。

解説 **屋上アスファルト防水におけるアスファルトルーフィング類を張り付ける際の留意事項**

- コンクリートスラブの打継ぎ部は、幅 **50 mm 程度**絶縁用テープを張り付けた後、**幅 300 mm 程度**のストレッチルーフィングを増張りする。
- 出隅および入隅は、平場のルーフィング類の張付けに**先立ち**、幅 **300 mm** 程度のストレッチルーフィングを増張りする。
- 平場部においては、塗布した接着剤の**オープンタイム**を確認して、ルーフィングシートに引張りを与えないように施工する。また、ルーフィングシートはしわが生じないように張り付け、**ローラーなどで転圧**して接着させる。
- 平場のアスファルトルーフィング類の重ね幅は、長手、幅方向とも **100 mm 以上**とする。
- 重ね合わせ部は、原則として水上側のルーフィングが**水下側の上**になるように張り付ける。
- 重ね合わせ部からあふれ出たアスファルトは、はけを用いて塗り均す。
- 貫通配管まわりに増張りした網状アスファルトルーフィングは、アスファルトで十分に目つぶし塗りを行う。

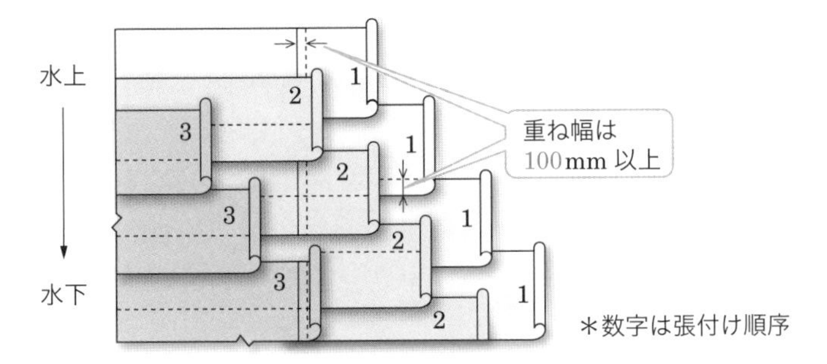

● ルーフィング類の貼り重ね

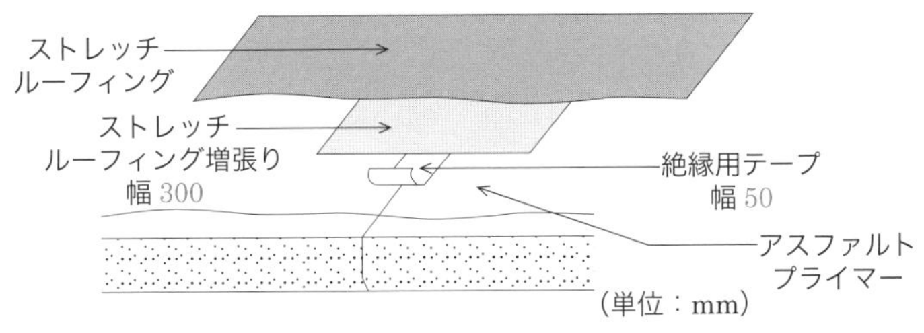

● コンクリート打継ぎ部の処理例

解答例

①	アスファルトルーフィング類の重ね幅は、長手、幅方向とも100mm以上とし、重ね合わせ部からあふれ出たアスファルトは、はけを用いて塗り均す。
②	平場部においては、塗布した接着剤のオープンタイムを確認して、ルーフィングシートに引張りを与えないように施工する。また、ルーフィングシートはしわが生じないように張り付け、ローラーなどで転圧して接着させる。

例題 2　下記記述において、①から③の下線部の語句のうち最も不適当な箇所番号を1つあげ、適当な語句を記入しなさい。

改質アスファルトシート防水常温粘着工法・断熱露出仕様の場合、立上がり際の風による負圧は平場の一般部より大きくなるため、断熱材の上が絶縁工法となる立上がり際の平場部幅① 300 mm 程度は、防水層の② 1 層目に粘着層付改質アスファルトシートを張り付ける。

なお、入隅部では立上りに③ 100 mm 程度立ち上げて、浮き・口あきが生じないように張り付ける。

解説　改質アスファルトシート防水の施工における留意事項

・立上がり際の平場部幅 **500 mm 程度**は、防水層の1層目に粘着層付改質アスファルトシートを張り付ける。

・入隅部では立上りに **100 mm 程度**立ち上げて、浮き、口あきが生じないように張り付ける。

・シート裏面のはく離紙を剥がしながら、転圧ローラーなどで平均に押し広げて転圧し密着させる。

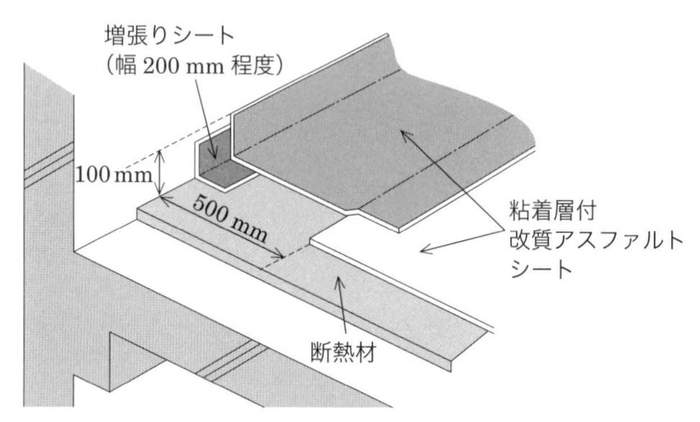

● 改質アスファルトシート防水常温粘着工法・断熱露出仕様の例

解答　①　**300 mm → 500 mm**

2　タイル・石工事　ランク★★★

例題 3　外壁下地モルタル面に小口タイルを改良圧着張りとする場合の、施工上の留意事項を2つ、具体的に記述しなさい。

ただし、下地清掃、張付けモルタルの調合、タイルの割付けおよびタイル面洗いに関する記述は除くものとする。

解説　改良圧着張りの施工における留意事項

・下地に適当な水湿しを行い、機械練りした張付けモルタルを **2 層**塗りする。

・**タイル裏面全体**に張付けモルタルを塗り付け、**直ち**にたたき押えをして張り付ける。

・張付けモルタルの1回の塗付け面積は **2 m² 程**

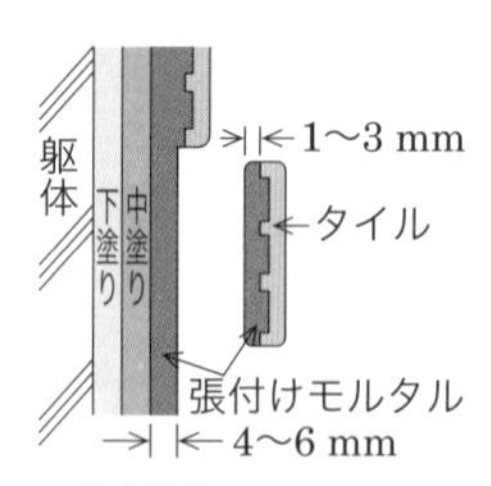

● 改良圧着張り

度で、**60分以内**にタイルを貼り終える面積とする。

- 張付けモルタルの塗り厚は**下地面4～6 mm**、**タイル側1～3 mm**とする。

解答例

①	張付けモルタルの1回の塗付け面積は2m²程度で、60分以内にタイルを貼り終える面積とする。
②	張付けモルタルの塗り厚下地面は4～6mm、タイル側1～3mmとする。

例題4 下記記述において、①から③の下線部の語句のうち最も不適当な箇所番号を1つあげ、適当な語句を記入しなさい。

鉄筋コンクリート造のセメントモルタルによる外壁タイル後張り工法における引張接着強度検査は、施工後2週間以上経過した時点で引張接着試験機を用いて行い、引張接着強度と①破壊状況に基づき合否を判定する。

下地がモルタル塗りの場合の試験体は、タイルの目地部分を②下地モルタル面まで切断して周囲と絶縁したものとし、試験体の数は、100 m² 以下ごとに1個以上、かつ全面積で③3個以上とする。

解説 **外壁タイル後張り工法における引張接着強度検査における留意事項**

- 施工後**2週間以上**経過した時点で引張接着試験機を用いて行い、引張接着強度と破壊状況に基づき合否を判定する。
- 下地がモルタル塗りの場合の試験体は、タイルの目地部分を**コンクリート面**まで切断して周囲と**絶縁**したものとする。
- 測定するタイルの大きさが**小口平**（60 mm × 108 mm）の大きさより大きい場合は、タイルを小口平の大きさに切断し、小口平の大きさにする。小口平以下のタイルの場合は、タイルの大きさとする。
- 試験体の数は、**100 m² 以下**ごとに**1個以上**、かつ全面積で**3個以上**とする。
- 引張接着強度が**0.4 N/mm² 以上**かつ破壊率**50%以下**の場合を合格とする。

解答 ② **下地モルタル → コンクリート**

例題 5　下記記述において、①から③の下線部の語句のうち最も不適当な箇所番号を 1 つあげ、適当な語句を記入しなさい。

張り石工事の内壁空積工法は、高さ 4 m 以下の壁の場合に適用され、一般に最下部の石材の取付けは①外壁湿式工法に準じて行い、一般部の取付けは、下段の石材の②縦目地あいばに取り付けただぼに合わせて目違いのないように据え付け、上端をステンレス製の引き金物で緊結する。

また、引き金物と下地の緊結部分は、③石裏と下地面との間に 50 × 100 mm 程度に取付け用モルタルを充填して被覆する。

解説　**張り石工事の内壁空積工法における留意事項**

- 石厚 **70 mm 以下**の石材を高さ **4 m 以下**の内壁に取り付ける工事に場合に適用する。
- 下部の石材の取付けは外壁湿式工法に準じ、幅木裏には**全面**に、また幅木のない場合は最下部の石裏に、高さ **100 mm 程度**まで裏込めモルタルを詰めて固定する。
- 一般部の取付けは、下段の石材の**横目地**あいばに取り付けただぼに合わせて目違いのないように据え付け、上端を**ステンレス製**の引き金物で緊結する。
- 引き金物と下地の緊結部分は、石裏と下地面との間に **50 × 100 mm 程度**に取付け用モルタルを充填して被覆する。

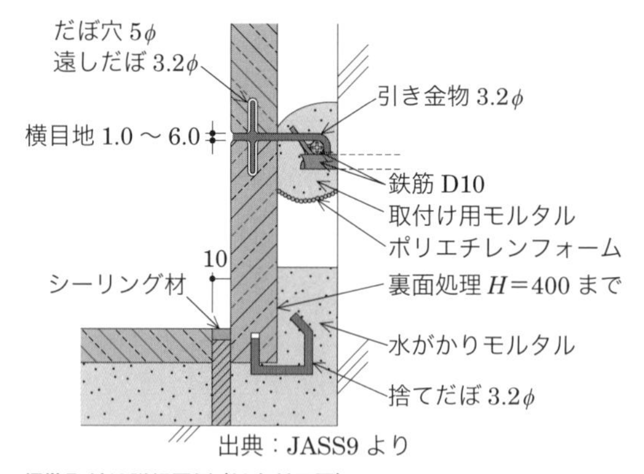

● 標準取付け詳細図例（鉛直断面図）

解答　②　**縦目地 → 横目地**

3 屋根工事

ランク ★☆☆

屋根工事において、金属製折板屋根葺を行うときの施工上の留意事項を２つ、具体的に記述しなさい。

解説 **金属製重ね形折板葺きの施工における留意事項**

- タイトフレームの下地への溶接は**隅肉溶接**とし、サイズは、**タイトフレームの板厚と同寸法**とする。また、側面の隅肉溶接の効果を高めるため、**まわし溶接**を行う。
- 折板の固定は**各山**ごとに**タイトフレーム**に固定し、緊結ボルトの間隔は **600 mm 以下**とする。
- 軒先の先端部分の下底に**尾垂れ（5 ～ 10 mm 以上、15° 程度）**を取り付ける。
- 水上部分と壁との取合い部分に設ける雨押えは、壁際で **150 mm 程度**立ち上げ、他端は折板に **200 mm 程度**覆う。

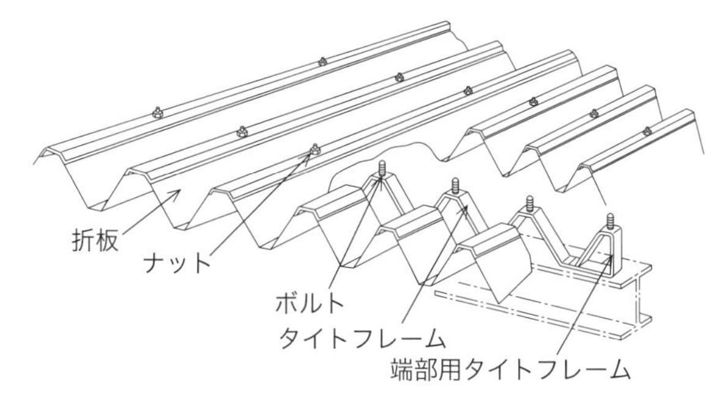

● 重ね形折板屋根の例

解答例

①	タイトフレームの下地への溶接は隅肉溶接とし、側面の隅肉溶接の効果を高めるため、まわし溶接を行う。
②	折板の固定は各山ごとにタイトフレームに固定し、緊結ボルトの間隔は 600 mm 以下とする。

例題 7　下記記述において、①から③の下線部の語句のうち最も不適当な箇所番号を1つあげ、適当な語句を記入しなさい。

鋼板製屋根用折板葺きにおいて、タイトフレームは、受け梁に①アーク溶接で取り付ける。溶接は、タイトフレームの底部両側を②部分溶込み溶接とし、溶接サイズは、タイトフレームの板厚と同寸法とする。また、溶接後は③スラグを除去し、溶接部分およびその周辺に防錆処置を行う。

解説　**鋼板製屋根用折板葺きにおけるタイトフレームに関する留意事項**

- タイトフレームは、受け梁に**アーク溶接**で取り付ける。
- 溶接は底部両側を**隅肉溶接**とし、サイズは、**タイトフレームの板厚と同寸法**とする。
- 溶接後は**スラグ**を除去し、溶接部分およびその周辺に**防錆処置**を行う。

解答　②　**部分溶込み → 隅肉**

4　金属工事

ランク ★★☆

例題 8　鉄筋コンクリート造建物（階高4m程度）に、間仕切壁の軽量鉄骨下地を取り付けるときの施工上の留意事項を2つ具体的に記述しなさい。

ただし、施工箇所の点検、修正および墨出しに関する記述は除くものとする。

解説　**間仕切壁の軽量鉄骨下地の施工における留意事項**

- 階高に適したスタッドを選択する。4m以下の場合は**65形以上**、4mを超え4.5m以下の場合は**90形**とする。
- ランナーは、端部から**50mm内側**を押さえ、**900mm程度**の間隔で打込みピンなどで**床、梁下、スラブ下など**に固定する。
- スタッドは、スタッドの天端と上部ランナーの溝底とのすき間が**10mm以下**となるように間仕切壁の高さに合わせて切断する。
- スタッドの振れ止めは床面ランナー下端から**1.2m以内**ごとに設ける。
- スペーサーは各スタッドの端部を押さえ、**600mm程度**の間隔で留め付ける。

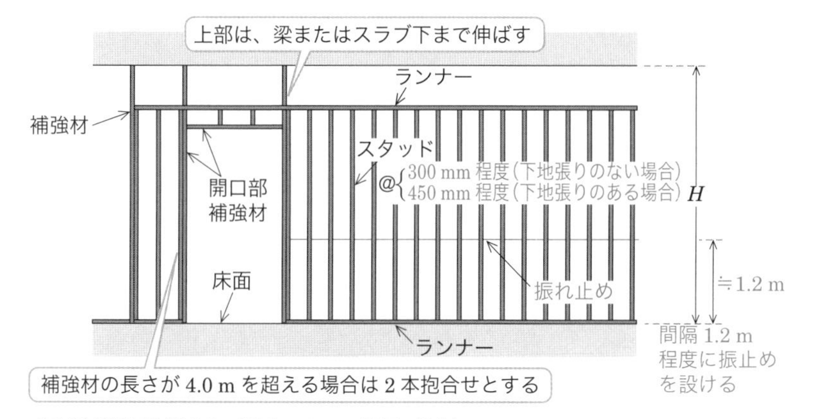

● **軽量鉄骨壁下地展開（65形）（*H* が 4.0 m 以下の場合）**

解答例

①	ランナーは、端部から 50 mm 内側を押さえ、900 mm 程度の間隔で打込みピンなどで床、梁下、スラブ下などに固定する。
②	スタッドの振れ止めは床面ランナー下端から 1.2 m 以内ごとに設ける。

例題 9　下記記述において、①から③の下線部の語句のうち最も不適当な箇所番号を 1 つあげ、適当な語句を記入しなさい。

軽量鉄骨壁下地の施工において、軽量鉄骨天井下地にランナーを取り付ける場合、ランナーと天井下地材の野縁が直角の場合には、ランナーを①野縁受けに、各々間隔 900 mm 程度にタッピンねじの類または②溶接で固定する。また、ランナーを上部鉄骨梁に取り付ける場合は、③先付け金物を梁に溶接しておき、梁の耐火被覆等の終了後にランナーを取り付ける。

解説 **軽量鉄骨天井下地にランナー取付けにおける施工上の留意事項**

・軽量鉄骨天井下地にランナーを取り付ける場合、ランナーと天井下地材の野縁が直角の場合にはランナーを**野縁**に、ランナーと野縁が平行の場合にはランナーを**野縁受け**に、各々間隔 **900 mm 程度**にタッピンねじの類または溶接で固定する。

・ランナーを上部鉄骨梁に取り付ける場合は、先付け金物を梁に溶接しておき、梁の耐火被覆等の終了後にランナーを取り付ける。

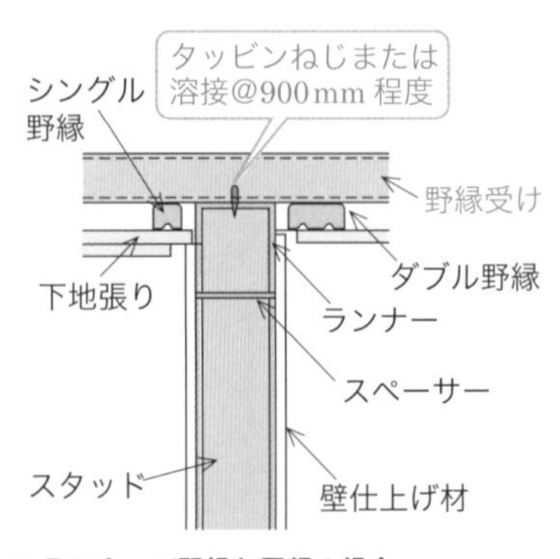

● ランナーが野縁と平行の場合

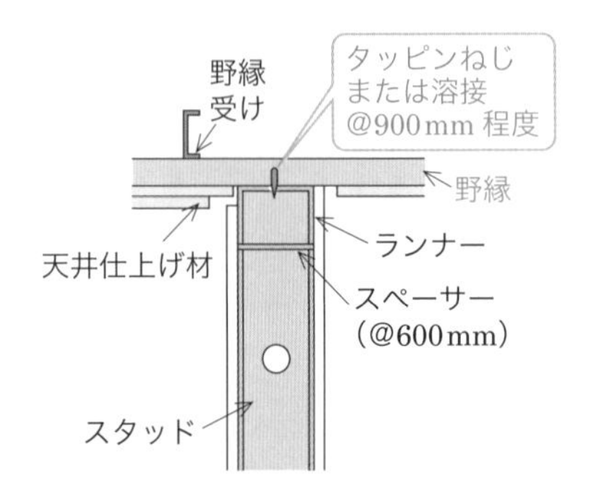

● ランナーが野縁と直角の場合

解答 ① **野縁受け → 野縁**

5 左官・吹付工事

ランク★★☆

例題 10 内装床の張物下地のセルフレベリング材塗りにおける施工上の留意事項を２つ、具体的に記述しなさい。

ただし、セルフレベリング材は固定プラント式のスラリータイプとし、専用車両で現場まで輸送供給されるものとする。

解説 **セルフレベリング材塗りにおける施工上の留意事項**

・コンクリート下地を掃除機で清掃後、デッキブラシで吸水調整剤（シーラー）を**2回**塗布する。

・塗り厚は**10 mm**を標準とする。

・打継ぎ部の突起はサンダーで削り取る。

・セルフレベリング材が施工中、風に当たると、硬化後にしわが発生する場合があるので、流し込みの作業中と硬化するまでの期間は**通風を避ける**。

・施工後の養生期間は、自然乾燥で**7日以上**、冬期は**14日以上**とし施工場所の気温が**5℃以下**の場合は施行しない。

ワンポイントアドバイス

セルフレベリング材

自己水平性をもった床材。材料を流し込むだけで、自然と水平になり、床表面を金ごて仕上げと同等以上に平滑に仕上げることができる。

解答例

①	セルフレベリング材が施工中、風に当たると、硬化後にしわが発生する場合があるので、流し込みの作業中と硬化するまでの期間は通風を避ける。
②	施工後の養生期間は、自然乾燥で7日以上、冬期は14日以上とし施工場所の気温が5℃以下の場合は施行しない。

例題 11 下記記述において、①から③の下線部の語句のうち最も不適当な箇所番号を1つあげ、適当な語句を記入しなさい。

仕上げ材の下地となるセメントモルタル塗りの表面状態は、金ごて仕上げ、木ごて仕上げ、①吹付け仕上げおよびくし目引きがあり、その上に施工する仕上げ材の種類に応じて適用が異なる。

②金ごて仕上げは、一般塗装下地、壁紙張り下地、防水下地の仕上げとして、③木ごて仕上げは、内装接着剤張り以外のタイル張り下地の仕上げとして適用できる。

解説 **仕上げ材の下地となるセメントモルタル塗りにおける留意事項**

- 表面状態は、金ごて仕上げ、木ごて仕上げ、はけ引き仕上げ、くし目引きがあり、その上に施工する仕上げ材の種類に応じて適用が異なる。
- 金ごて仕上げは、一般塗装下地、壁紙張り下地、防水下地の仕上げとして適用される。
- 木ごて仕上げは、内装接着剤張り以外のタイル張り下地の仕上げとして適用される。

解答 ① **吹付け** → はけ引き

6 建具・ガラス工事

ランク★★☆

例題 12　鉄筋コンクリート造におけるアルミニウム製外部建具を取り付けるときの留意事項を２つ具体的に記述しなさい。
ただし、墨出しまたは取付け後の養生に関する記述は、除くものとする。

解説 **鉄筋コンクリート造におけるアルミニウム製建具の取付けに関する留意事項**

- 建具の取付けは、くさびなどで仮留めし、位置および形状を正確に決めてから、躯体アンカーに溶接して本取付けを行う。
- 躯体アンカーの打込み位置は、開口部の隅より **150 mm 内外**を端とし、中間部は **500 mm 内外**の間隔に取り付ける。
- くつずり、下枠など取付前にあらかじめモルタルを充填しておく必要のある箇所は、あらかじめ、裏面に**鉄線など**を取り付けておき、モルタル詰めを行ったのちに取り付ける。
- 充填するモルタルに混入する防水剤は、塩化ナトリウム系などの金属の腐食を促進するものは使用しない。

解答例

①	躯体アンカーの打込み位置は、端は開口部の隅より 150 mm 内外、中間部は 500 mm 内外の間隔に取り付ける。
②	くつずり、下枠など取付前にあらかじめモルタルを充填しておく必要のある箇所は、あらかじめ、裏面に鉄線などを取り付けておき、モルタル詰めを行ったのちに取り付ける。

例題 13　下記記述において、①から③の下線部の語句のうち最も不適当な箇所番号を１つあげ、適当な語句を記入しなさい。

防火区画に用いる防煙シャッターは、表面がフラットでガイドレール内での遮煙性を確保できる①インターロッキング形のスラットが用いられる。また、②まぐさには、シャッターが閉鎖したときに漏煙を抑制する構造で、不燃材料、準不燃材料または難燃材料の遮煙機構を設けるほか、座板にアルミニウムを使用する場合には、③鋼板で覆う。

解説　防煙シャッターの構造に関する留意事項

・重量シャッターのスラットの形式は**インターロッキング形**と**オーバーラッピング形**があるが、防火区画に用いる防煙シャッターは、表面がフラットでガイドレール内での遮煙性を確保できる**オーバーラッピング形**とする。

・まぐさ（天井やケースの下にある、開口部の見切り部材）には、シャッターが閉鎖したときに漏煙を抑制する構造で、不燃材料、準不燃材料または難燃材料の**遮煙機構**を設ける。

・座板にアルミニウムを使用する場合には、**鋼板**で覆う。

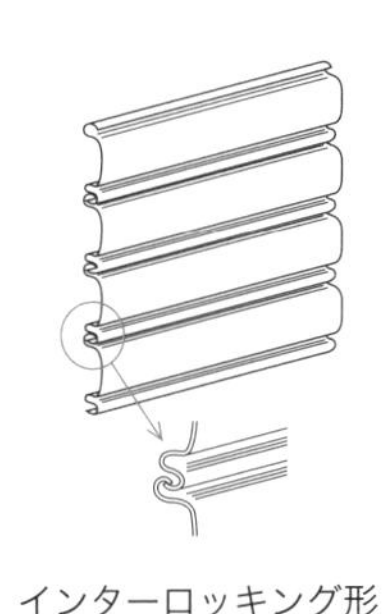
インターロッキング形

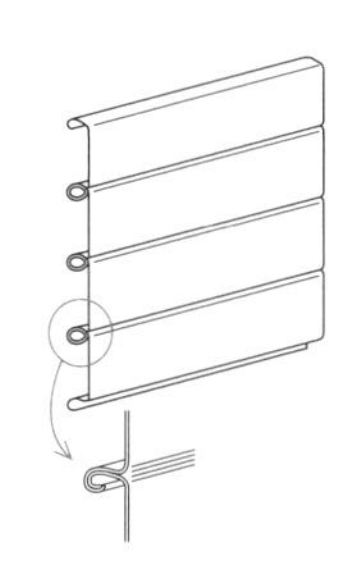
オーバーラッピング形

● スラット

解答　②　**インターロッキング → オーバーラッピング**

7　内装（天井・壁・断熱）工事　ランク ★★☆

例題 14　内装工事において、天井仕上げとしてロックウール化粧吸音板を、せっこうボード下地に張るときの施工上の留意事項を2つ、具体的に記述しなさい。
ただし、下地に関する記述は除くものとする。

解説　天井におけるせっこうボード張り下地へのロックウール化粧吸音板の張付けにおける留意事項

・せっこうボードの目地と化粧吸音板の目地が重ならないよう**50 mm以上**ずらして張り付ける。

・接着剤を主として、必要に応じて、小ねじ、タッカー、ステープルなどを併用して張り付ける。

・天井**中央部から四周**に向かって張り進め、周囲に端物をもってくる。

・段違い、目違い、すき間、角欠けがないように張り付ける。

解答例

①	せっこうボードの目地と化粧吸音板の目地が重ならないよう50 mm以上ずらして張り付ける。
②	天井中央部から四周に向かって張り進め、周囲に端物をもってくる。

例題 15 下記記述において、①から③の下線部の語句のうち最も不適当な箇所番号を1つあげ、適当な語句を記入しなさい。

内装工事において軽量鉄骨下地にせっこうボードを取り付ける場合、下地の裏面に10 mm以上の余長が得られる長さの①ドリリングタッピンねじを用い、その留付け間隔は、天井では、ボードの周辺部150 mm、中間部200 mm、壁では、ボードの周辺部② 200 mm、中間部300 mmとする。

また、留付け位置は、いずれもボードの周辺部では端部から③ 30 mm程度内側の位置とし、ねじの頭がボードの表面より少しへこむように確実に締め込む。

解説 **軽量鉄骨下地におけるせっこうボードの張付けにおける留意事項**

・下地の裏面に**10 mm以上**の余長が得られる長さの**ドリリングタッピンねじ**を用いる。

・留付け間隔は、天井では、ボードの**周辺部150 mm**、**中間部200 mm**、壁では、ボードの**周辺部200 mm**、**中間部300 mm**とする。

・留付け位置は、いずれもボードの周辺部では端部から**10 mm程度**内側の位置とし、ねじの頭がボードの**表面より少しへこむ**ように確実に締め込む。

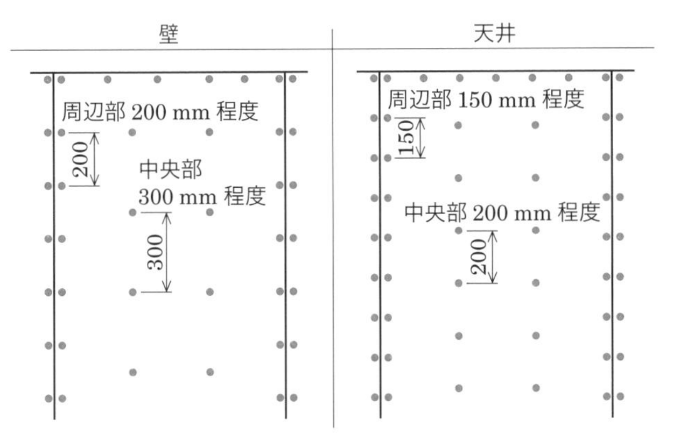

下地	施工箇所	下地材に接する部分の据付け間隔	
		周辺部	中央部
軽量鉄骨下地 木造下地	天井	150 mm 程度	200 mm 程度
	壁	200 mm 程度	300 mm 程度

● **留付け用小ねじ類の間隔**

ワンポイントアドバイス

ドリリングタッピンねじ

せっこうボードや鋼製下地材など比較的柔らかな材質に対して、下穴加工を必要とせずにねじだけで穴をあけて締結まで行える。軽天ねじともいう。

解答 ③ **30 mm → 10 mm**

例題 16 断熱工事において、吹付け硬質ウレタンフォームの吹付けを行うときの施工上の留意事項を２つ、具体的に記述しなさい。ただし、下地に関する記述は除くものとする。

解説 **吹付け硬質ウレタンフォームの吹付けを行うときの施工上の留意事項**

- 施工面に約 **5 mm 以下**の厚さになるように下吹きをする。
- 総厚さが **30 mm 以上**の場所は**多層吹き**とし、各層の厚さは**各々 30 mm 以下**とする。

・吹付け厚さはスラブ・壁は **5 m²** に **1 カ所以上**、確認ピンにて行う。
・吹付け厚さの許容誤差は **0 から +10 mm** とする。
・表面の平滑性が得にくいため、断熱材の厚さは凹部の薄い位置での測定とする。
・1 日の総吹付け厚さは **80 mm 以下**とする。
・換気の少ない場所では酸欠状態になりやすいので、強制換気などの対策を行う。
・厚く付き過ぎて支障となるところは、**カッターナイフ**で表層を除去する。

解答例

①	総厚さが 30 mm 以上の場所は多層吹きとし、各層の厚さは各々 30 mm 以下とする。また 1 日の総吹付け厚さは 80 mm 以下とする。
②	吹付け厚さはスラブ・壁は 5 m² に 1 カ所以上、確認ピンにて行い、吹付け厚さの許容誤差は 0 から +10 mm とする。

8 内装（床）工事

ランク ★★★

例題 17 木製床下地にフローリングを釘留め工法で張るときの留意事項を 2 つ具体的に記述しなさい。
ただし、下地または張付け後の養生に関する記述は、除くものとする。

解説 **木製床下地へのフローリングの釘留め工法における留意事項**
・継手の位置をそろえない乱継ぎとなるよう、隣接する板の継手と **150 mm 以上**離す。
・通りよく敷き並べて締め付け、**雄ざね**の付け根から根太あたりに隠し釘打ちして留め付ける。
・フローリングは、スクリュー釘、フロア釘、フロア用ステープルで留める。
・敷居や幅木の下はフローリングの伸縮を考慮し、必要に応じて適切な**クリアランス**を設ける。

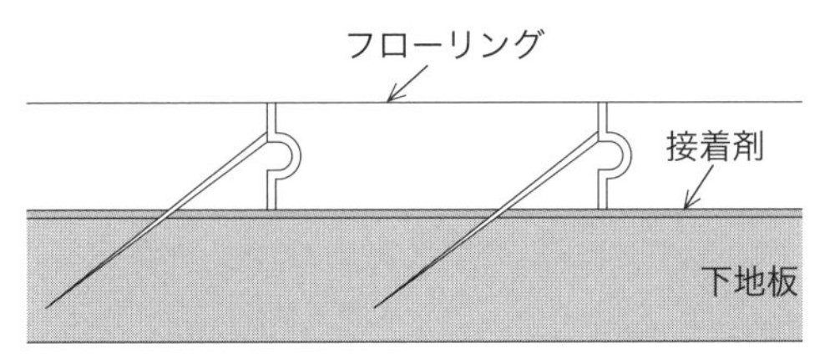

● 接着・釘留め併用工法

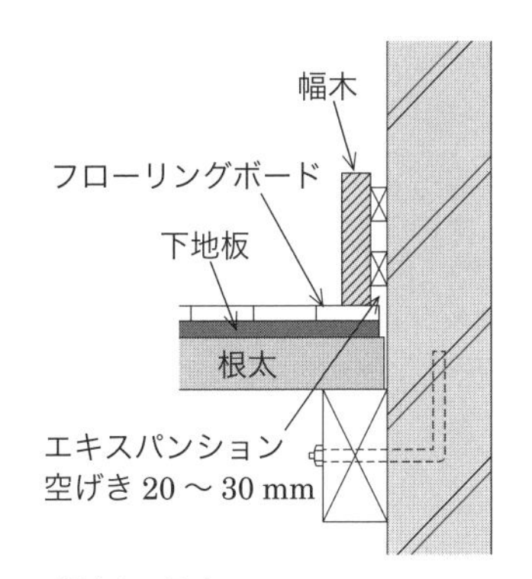

● 幅木との取合い

空げき 5 mm 程度
フローリング
敷居
根太
パッキング
足固め
根太掛

● 敷居際の納まり

解答例

①	隣接する板の継手と 150 mm 以上離し、乱継ぎとなるよう敷き並べる。
②	フローリングの伸縮を考慮し、敷居や幅木の下は適切なクリアランスを設ける。

例題 18 下記記述において、①から③の下線部の語句のうち最も不適当な箇所番号を1つあげ、適当な語句を記入しなさい。

カーペット敷きのグリッパー工法では、グリッパーは、カーペットの厚さに応じて壁際からのすき間を均等にとり、打ち付ける。下敷き用フェルトはグリッパーの厚さと同等か、やや①厚いものを選択し、敷き込みに当たっては、すき間などのないように②突き付けて敷き込み、フェルトの端部はグリッパーに③重ねるようにする。

解説 **グリッパー工法における留意事項**

・グリッパーは、カーペットの厚さに応じて壁際からのすき間を均等にとり、打ち付ける。

・下敷き用フェルトはグリッパーの厚さと**同等**か、やや厚いものを選択する。

・敷き込みに当たっては、すき間などのないように**突き付けて**敷き込む。

・フェルトの端部はグリッパーに**重ねない**ようにする。

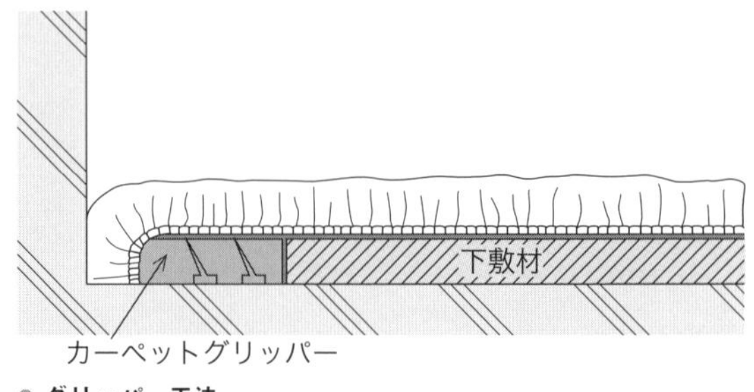

● **グリッパー工法**

解答 ③ **重ねる → 重ねない**

9 塗装工事 ランク★★★

例題 19 下記記述において、①から③の下線部の語句のうち最も不適当な箇所番号を1つあげ、適当な語句を記入しなさい。

素地ごしらえのパテ処理の工法には、パテしごき、パテかい、パテ付けの3種類がある。このうち、①パテしごきは、面の状況に応じて、面のくぼみ、すき間、目違いなどの部分を平滑にするためにパテを塗る。

また、②パテかいは、局部的にパテ処理するもので、素地とパテ面との肌違いが仕上げに影響するため、注意しなければならない。

なお、③パテ付けは、特に美装性を要求される仕上げの場合に行う。

解説 ・パテかいは、塗装面の状況に応じて、塗装面のくぼみ、すき間、目違いなどの部分に、パテをへらまたはこてで薄く付ける。

・パテかいは、局部的にパテ処理するもので、素地とパテ面との肌違いが仕上げに影響するため、注意しなければならない。

・パテ付けは、パテなどを下地全面に塗り付け、表面の余分なパテをしごき取るなどして、下地全面を平らにすること。特に美装性を要求される仕上げの場合に行う。

・パテしごきは、パテを全面にへら付けし、表面に過剰のパテを残さないよう、素地が現れるまで十分しごき取ること。

解答 ① **パテしごき → パテかい**

例題 20 下記記述において、①から③の下線部の語句のうち最も不適当な箇所番号を1つあげ、適当な語句を記入しなさい。

アクリル樹脂系非水分散形塗料（NAD）は、有機溶剤を媒体として樹脂を分散させた非水分散形①エマルションを用いた塗料で、常温で比較的短時間で硬化し、②耐水性や耐アルカリ性に優れた塗膜が得られる。

塗装方法は、はけ塗り、ローラーブラシ塗りまたは吹付け塗りとし、吹付け塗りの場合は、塗料に適したノズルの径や種類を選定する。

屋内塗装の場合、パテかいは③水掛り部分には行わない。

解説 ・アクリル樹脂系非水分散形塗料（NAD）は、有機溶剤を媒体として樹脂を分散させた非水分散形**ワニス**を用いた塗料で、常温で比較的短時間で硬化し、耐水性や耐アルカリ性に優れた塗膜が得られる。

・塗装方法は、はけ塗り、ローラーブラシ塗りまたは吹付け塗りとし、吹付け塗りの場合は、塗料に適したノズルの径や種類を選定する。

・屋内塗装の場合、パテかいは水掛り部分には行わない。

・中塗りの前に研磨紙**P220～240**で研磨紙ずりを行う。

・標準工程間隔時間は3時間以上とする。また標準最終養生時間は**24時間以上**とする。

・下塗り、中塗り、上塗りは同一材料を使用し、塗付け量は**0.10 kg/m²**とする。

解答 ① **エマルション → ワニス**

10 外装工事

ランク ★★☆

例題 21 外装工事において、押出成形セメント板を横張りで張り付ける場合の施工上の留意事項を 2 つ具体的に記述しなさい。

解説 **押出成形セメント板の施工上の留意事項**

- パネルには溝掘りを行ってはならない。
- パネルの欠き込み幅は、パネル幅の **1/2** かつ **300 mm 以下**とする。
- 縦張り工法においては、駆体とパネル間の開き寸法を 35 mm、目地幅は**縦 8 mm**、**横 15 mm** とする。また、各段ごとに構造体に固定した下地鋼材で受ける。
- 横張り工法においては、駆体とパネル間の開き寸法を 75 mm、目地幅は**縦 15 mm**、**横 8 mm** とする。また、積上げ枚数 **3 枚以下**ごとに構造体に固定した自重受け金物で受ける。
- 下地鋼材に **30 mm 以上**のかかり代を確保し、取付ボルトが Z クリップのルーズホールの中心に位置するように取り付ける。
- パネルへの取付は、縦張り構法においてはパネルが**ロッキング**できるよう、横張り構法においてはパネルが**スライド**できるよう、正確かつ堅固に取り付ける。
- 回転防止のため溶接長さを **15 mm 以上**とする。

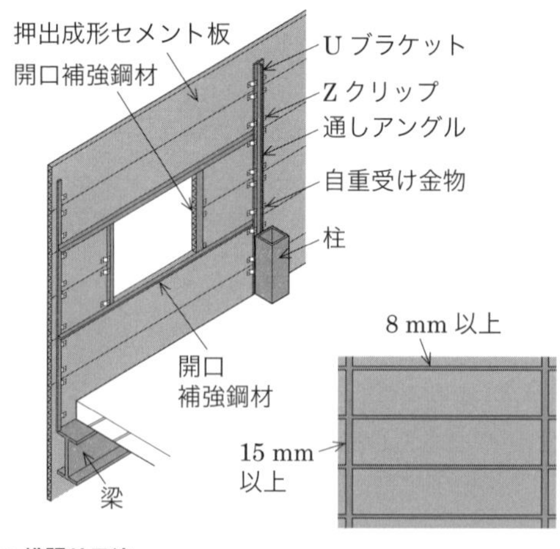

● 横張り工法

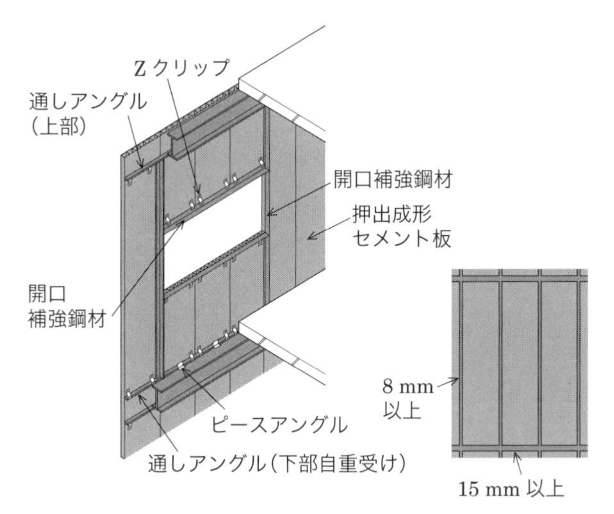

● 縦張り工法

解答例

①	駆体とパネル間の開き寸法を 75 mm、目地幅は縦 15 mm、横 8 mm とする。
②	積上げ枚数 3 枚以下ごとに構造体に固定した自重受け金物で受ける。

例題 21 下記記述において、①から③の下線部の語句のうち最も不適当な箇所番号を 1 つあげ、適当な語句を記入しなさい。

ALC 外壁パネルを横張りで取り付ける場合、通常、パネル積上げ段数①7 段以下ごとにパネル質量を支持する自重受け鋼材を設ける。また、自重受け鋼材を設けた②横目地には、③伸縮目地を設ける。

解説 **ALC 外壁パネルを横張りで取り付ける（横壁アンカー構法）の施工上の留意事項**

- パネルはパネル内部に設置されたアンカーにより、ボルトを用いて、取付け金物により、下地鋼材に取り付ける。
- 柱とパネル裏面とのクリアランスは **70 mm 以上**、間柱とパネル裏面とのクリアランスは **25 mm 以上**とする。
- パネル積上げ段数 **3 ～ 5 段以下**ごとにパネルの重量を支持する自重受け金物を設ける。

・パネルの縦目地、出入隅部、自重受け金物を設けた横目地ならびに他部材との取合い部には**10 mm ～ 20 mm 程度**の伸縮目地を設ける。

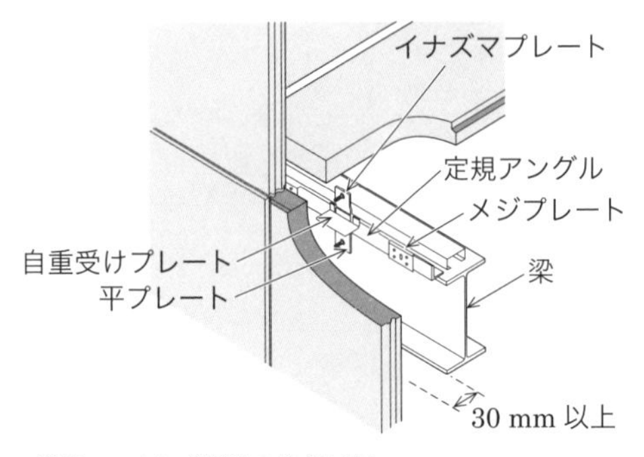

● 縦壁ロッキング構法の取付け例

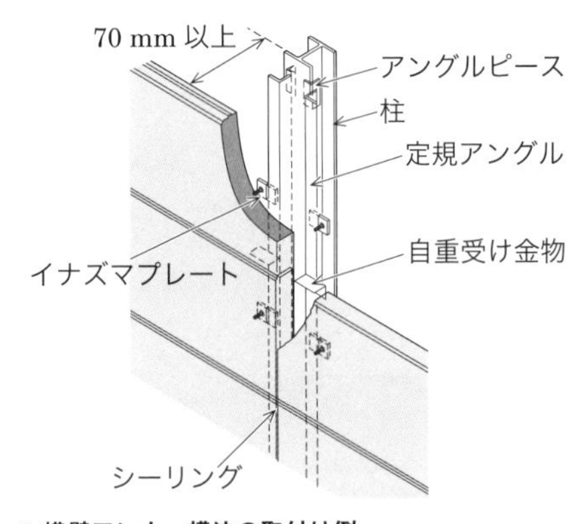

● 横壁アンカー構法の取付け例

解答 ① 7 段 → **5 段**

11 改修工事

ランク ★☆☆

例題 22 外壁改修のタイル部分張替え工法において、ポリマーセメントモルタルを用いて張り付ける場合の施工上の留意事項を 2 つ具体的に記述しなさい。

解説 外壁改修のタイル部分張替え工法における留意事項

・ポリマーセメントモルタルを用いて張り付ける場合、調整済みの下地とタイルの両方にポリマーセメントモルタルを塗布し、**直ちに**タイルを張り付ける。

- 目地詰めまで通常**24時間以上**衝撃を与えないように養生する。
- 目地深さはタイル厚の**1/2以下**とする。
- 目地詰め後は衝撃を与えないように通常**3日以上**は養生する。

ワンポイントアドバイス

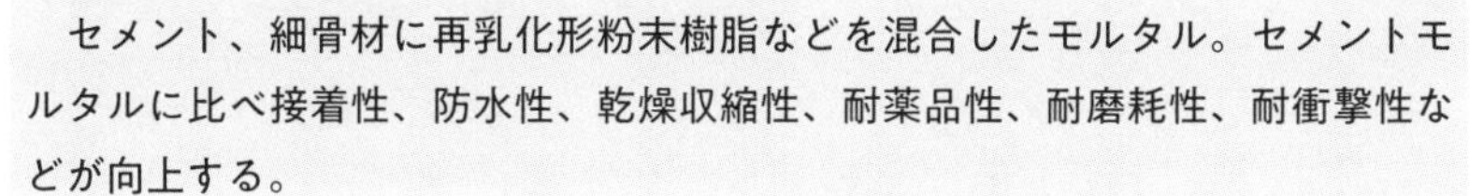

ポリマーセメントモルタル

セメント、細骨材に再乳化形粉末樹脂などを混合したモルタル。セメントモルタルに比べ接着性、防水性、乾燥収縮性、耐薬品性、耐磨耗性、耐衝撃性などが向上する。

解答例

①	目地詰めまで通常24時間以上衝撃を与えないように養生する。
②	目地深さはタイル厚の1/2以下とする。

2-2 仕上工事の演習問題

1 防水・シーリング工事

ランク★★★

演習問題1 屋上アスファルト防水層を施工する前のコンクリート下地面の状態や形状についての留意事項を2つ具体的に記述しなさい。

ただし、下地面の清掃に関する記述は除くものとする。

解説 **屋上アスファルト防水のコンクリート下地面における留意事項**

- 平坦で凹凸がないようにする。
- 鉄筋、番線などの突起物や粗骨材、モルタルのこぼれなどは完全に除去する。
- 高周波水分計による測定や、コンクリート打込み後の経過日数を確認するなど、下地が十分に**乾燥**していることを確認する。
- 平場のコンクリート下地の場合はコンクリート直均し仕上げとする。

・適正な**水勾配**を設ける。
・防水層のなじみをよくするため、**入隅**や**出隅**は**面取り**をする。

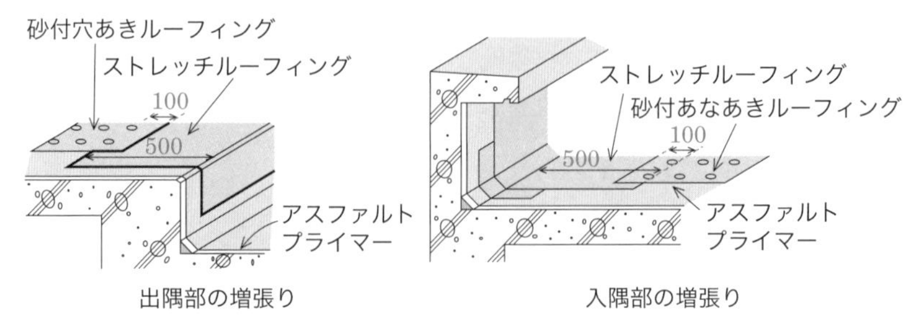

● **絶縁工法の出隅・入隅の増張り（JASS8 より）**

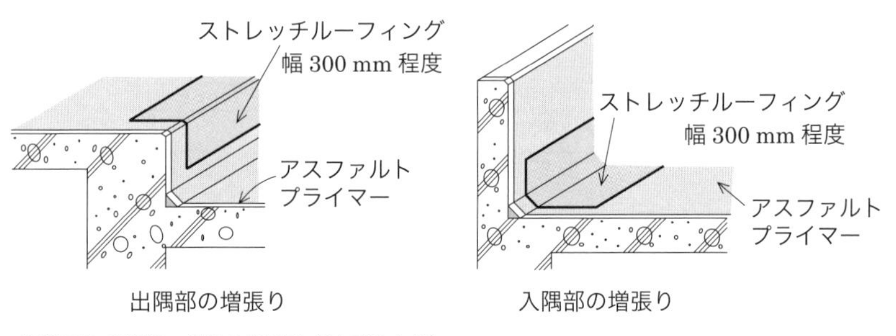

● **密着工法の出隅・入隅の増張り（JASS8 より）**

解答例

①	鉄筋、番線などの突起物や粗骨材、モルタルのこぼれなどは完全に除去し、平坦で凸凹のないような状態にする。
②	適正な水勾配を設け、入隅や出隅は面取りをする。

演習問題 2　次の記述において、ⓐからⓔの下線部のうち最も不適当な語句または数値の下部の記号とそれに替わる適当な語句または数値との組合せを、下の枠内から 1 つ選びなさい。

シーリング工事におけるバックアップ材は、特にⓐワーキングジョイントに充填されるシーリング材の機能を十分に発揮させ、長期間の耐久性を維持するため、目地に装填する成型材料である。バックアップ材は、シーリング材を目地構成材と相対するⓑ 2 面のみに接着させて、長期間の繰返しムーブメントに対するⓒ追従性を確保するほか、シーリング材のⓓ目地幅を確保する役割を担う。また丸形のバックアップ材を使用する場合は、目地幅より 20 〜 30%ⓔ大きいものとする。

(1) ⓐ－ノンワーキングジョイント　(2) ⓑ－3面　(3) ⓒ－強度
(4) ⓓ－目地深さ　(5) ⓔ－小さい

解説 **シーリング工事におけるバックアップ材についての留意事項**

- バックアップ材は長期間の繰返しの動き（温度・湿度の変化に伴う部材の変形や地震に伴う**層間変位**、風による部材のたわみなど）に対する追従性を確保するため、シーリング材の**三面接着を回避**することを目的として用いられる。
- シーリング材の**目地高さ**を確保する役割を担う。
- ワーキングジョイントの目地深さは、目地幅 20mm の場合、**10 〜 15 mm 程度**とする。
- シーリング材とは接着せず、かつ、シーリング材の性能を低下させないものとする。
- 丸形のバックアップ材を使用する場合は、**目地幅より 20 〜 30%大きい**ものとする。

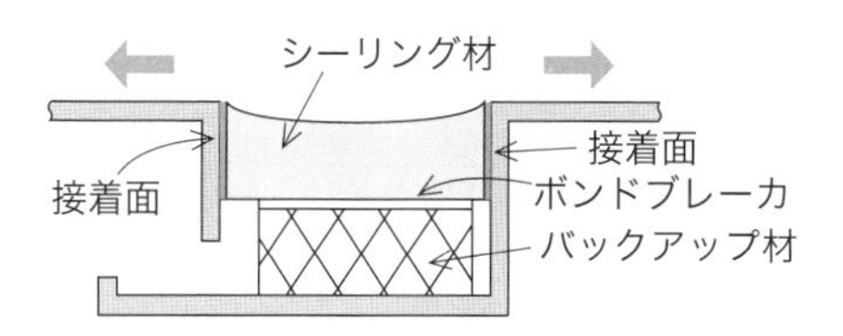

● ワーキングジョイント2面接着

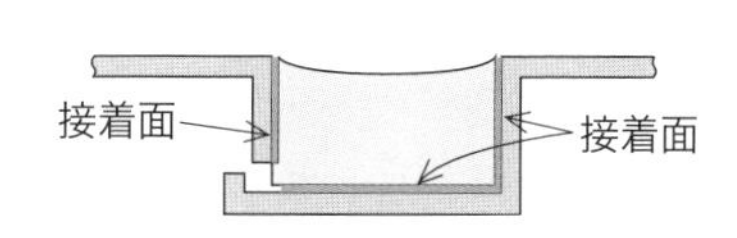

● ノンワーキングジョイント3面接着

解答 (4)

Ⅱ 第2章 仕上工事

2 タイル・石工事　ランク★★★

演習問題 3　壁のタイル張り下地モルタル面に、陶磁器質タイル（小口タイル）を密着張りで張るときの施工上の留意事項を2つ具体的に記述しなさい。

ただし、下地の調整、張付けモルタルの調合、タイルの割付けに関する記述は除くものとする。

解説 **密着張りの施工における留意事項**

・タイルの張付けは**上部より下部**へと張り進める。

・張付けモルタルの塗り厚は**5～8 mm 程度**とし、**タイル張り用振動機（ヴィブラート）**にてモルタル中に埋め込むように張り付ける。

・1回の張付けモルタルの塗付け面積の限度は**2 m² 程度**、モルタルの練置き時間は**20分未満**とする。

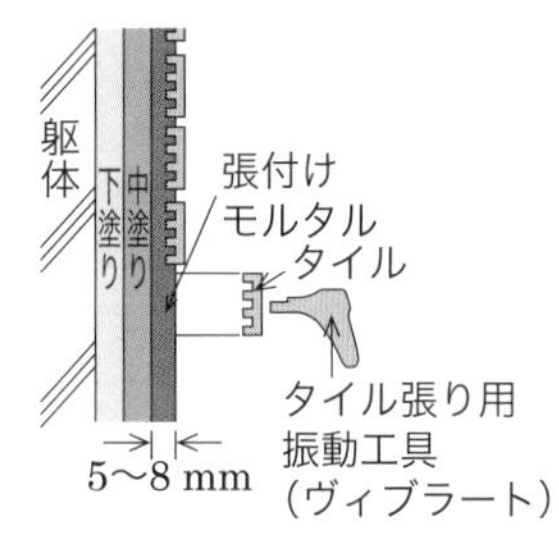

● 密着張り

解答例

①	張付けモルタルの塗り厚は5～8 mm程度とし、タイル張り用振動機（ヴィブラート）にてモルタル中に埋め込むように張り付ける。
②	1回の張付けモルタルの塗付け面積の限度は2㎡程度、モルタルの練置き時間は20分未満とする。

演習問題 4　次の記述において、ⓐからⓔの下線部のうち最も不適当な語句または数値の下部の記号とそれに替わる適当な語句または数値との組合せを、下の枠内から1つ選びなさい。

セメントモルタルによる外壁タイル後張り工法において、マスク張りでは、張付けモルタルをⓐユニット裏面全面にこてで圧着して練り付け、塗り付けてからⓑ5分を限度に張り付ける。

また、モザイクタイル張りでは、張付けモルタルを2層に分けて塗り付けるものとし、ⓒ1層目はこて圧をかけて塗り付ける。1回の塗付け面積はⓓ2 m² 以内としなお、外壁タイル張り面の伸縮調整目地の位置は、一般に縦目地を<u>ⓔ 3 m</u>内外に割り付け、横目地を各階ごとの打継ぎ目地に合わせる。

(1) ⓐ−下地面 (2) ⓑ−60 分 (3) ⓒ−2 (4) ⓓ−3 m² (5) ⓔ−4 m

解説 **マスク張りの施工における留意事項**

- 張付けモルタルを**ユニット裏面全面**にこてで圧着して練り付ける。
- 張付けモルタルの塗り厚は**3〜4 mm**とし、**金ごて**を用いて均一に下地に塗り付ける。
- モルタルの練置き時間は**5 分未満**とする。
- たたき板などで目地部分までモルタルが**盛り上がるまで**十分たたき締めて張り付ける。

モザイクタイル張りの施工における留意事項

- 張付けモルタルを**2 層**に分けて塗り付けるものとし、1 層目はこて圧をかけて塗り付ける。
- 張付けモルタルの塗り厚は**3〜5 mm**とし、**金ごて**を用いて均一に下地に塗り付ける。
- 張付けモルタルの 1 回の練付け面積の限度は**3 m² 以下**とし、**20 分以内**に張り終える面積とする。

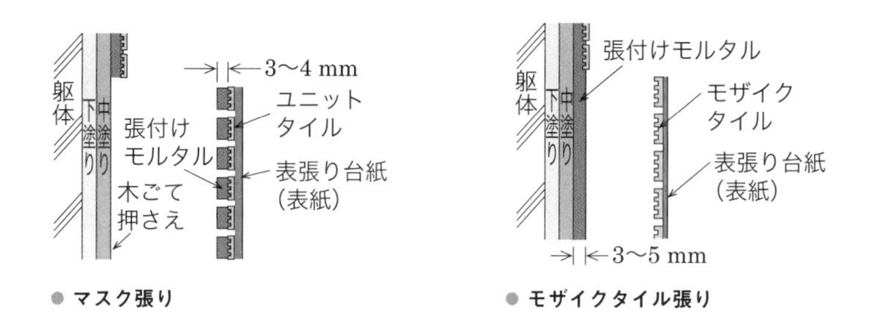

● マスク張り　● モザイクタイル張り

解答 (4)

演習問題 5　次の記述において、ⓐからⓔの下線部のうち最も不適当な語句または数値の下部の記号とそれに替わる適当な語句または数値との組合せを、下の枠内から 1 つ選びなさい。

まぐさ、ひさし先端ⓐ下部、あげ裏などのタイルのはく落のおそれが大きい箇所にⓑ小口タイル以上の大きさのタイルを張る場合、はく落防止用引金物として径がⓒ 0.6 mm 以上のⓓ銅線を用いることが必要である。なお、張り付け後は、必要に応じて受木を添えてⓔ 24 時間以上支持する。

(1) ⓐ－上部　(2) ⓑ－二丁掛タイル　(3) ⓒ－ 1.0 mm (4) ⓓ－ステンレス鋼線　(5) ⓔ－ 6 時間

解説　**タイルのはく落のおそれが大きい箇所の施工における留意事項**

・剥落防止用引金物として、径が **0.6 mm 以上のステンレス鋼線**をタイルに取り付け、引金物を張付けモルタルに塗り込む。
・張り付け後は、必要に応じて受木を添えて **24 時間以上**支持する。

解答　(4)

3　屋根工事

ランク ★☆☆

演習問題 6　鋼板製折板葺き屋根におけるけらば包みの施工上の留意事項を 2 つ、具体的に記述しなさい。

解説　**鋼板製折板葺き屋根のけらば包みの施工における留意事項**

・けらば包みは **1.2 m 以下**の間隔で下地に取り付け、継手位置は、端部用タイトフレームの位置よりできるだけ**近く**する。
・けらば包み相互の継手の重ね幅は **60 mm 以上**とする。
・重ね内部に不定形または定形シーリング材をはさみ込み、**ドリリングタッピンねじ**などで締め付ける。

＊けらばとは切妻屋根や片流れ屋根の妻側（棟の両端部）の端部、雨樋が付かない部分をいう。これに対して軒側の先のほうは軒先という。

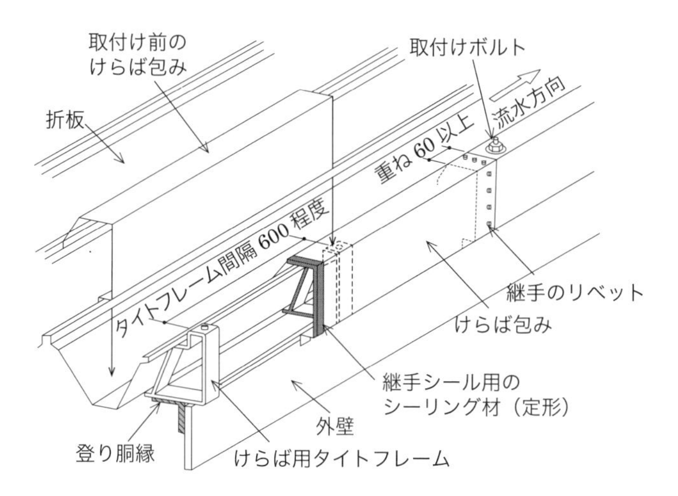

● けらば包みによる納まり

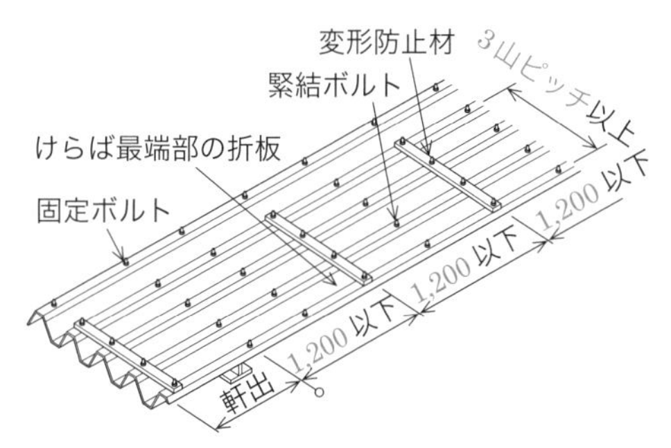

● 変形防止材によるけらばの納まり例

解答例

①	けらば包みは 1.2 m 以下の間隔で下地に取り付け、継手位置は、端部用タイトフレームの位置よりできるだけ近くする。
②	けらば包み相互の継手の重ね幅は 60 mm 以上とし、当該重ね内部に不定形または定形シーリング材をはさみ込み、ドリリングタッピンねじなどで締め付ける。

演習問題 7 次の記述において、ⓐからⓔの下線部のうち最も不適当な語句または数値の下線部の記号とそれに替わる適当な語句または数値との組合せを下の枠内から1つ選びなさい。

長尺金属板葺の葺下のアスファルトルーフィングは軒先とⓐ平行に敷き込み、軒先から順次棟へ向かって張り、隣接するルーフィングとの重ね幅は、流れ方向（上下）はⓑ 100 mm 以上、長手方向（左右）はⓒ 150 mm 以上重ね合わせる。

金属板を折曲げ加工する場合、塗装またはめっきおよび地肌に亀裂が生じないよう切れ目をⓓ入れないで折り曲げる。金属板を小はぜ掛けとする場合は、はぜの返折し寸法と角度に注意し、小はぜ内に 3 ～ 6 mm 程度のすき間を設けて毛細管現象によるⓔ雨水の浸入を防ぐようにする。

（1）ⓐ－垂直　（2）ⓑ－ 200　（3）ⓒ－ 200　（4）ⓓ－入れて　（5）ⓔ－風

解説 **長尺金属板葺の葺下のアスファルトルーフィングに関する留意事項**

- 長尺金属板葺の葺下のアスファルトルーフィングは軒先と**平行**に敷き込み、軒先から順次棟へ向かって張る。
- 隣接するルーフィングとの重ね幅は、流れ方向（上下）は **100 mm 以上**、長手方向（左右）は **200 mm 以上**重ね合わせる。
- 金属板を折曲げ加工する場合、塗装またはめっきおよび地肌に亀裂が生じないよう**切れ目を入れない**で折り曲げる。
- 金属板を小はぜ掛けとする場合は、はぜの返折し寸法と角度に注意し、小はぜ内に **3 ～ 6 mm 程度**のすき間を設けて毛細管現象による雨水の浸入を防ぐようにする。

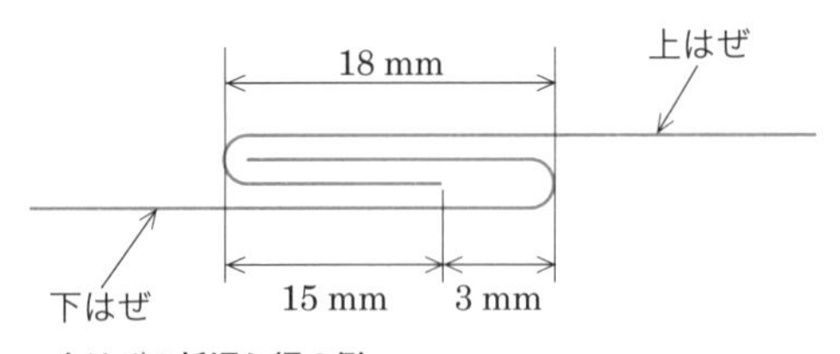

● 小はぜの折返し幅の例

解答 （3）

4 金属工事

演習問題 8 パラペット天端にアルミニウム笠木を設ける場合の、施工上の留意事項を２つ、具体的に記述しなさい。
ただし、下地清掃および防水層に関する記述は除くものとする。
なお、パラペットは現場打ちコンクリートとする。

解説 **パラペット天端にアルミニウム笠木を設ける場合の施工上の留意事項**

- 笠木と笠木との継手部（ジョイント部）は、ジョイント金具とはめあい方式によりはめあい、取付けを行う。
- ジョイント部はオープンジョイントを原則とし、温度変化による部材の伸縮への対応のため、**5～10 mm** のクリアランスを設ける。
- 笠木をはめ込むための固定金具は、パラペット天端にあと施工アンカーなどで堅固に取り付ける。
- 固定金具は笠木が通りよく、かつ、天端の水勾配が正しく保持されるように、あらかじめレベルを調整して取り付ける。
- 笠木の取付けは、**コーナ部分（通常長さ 500 mm 程度）から先に**取り付ける。

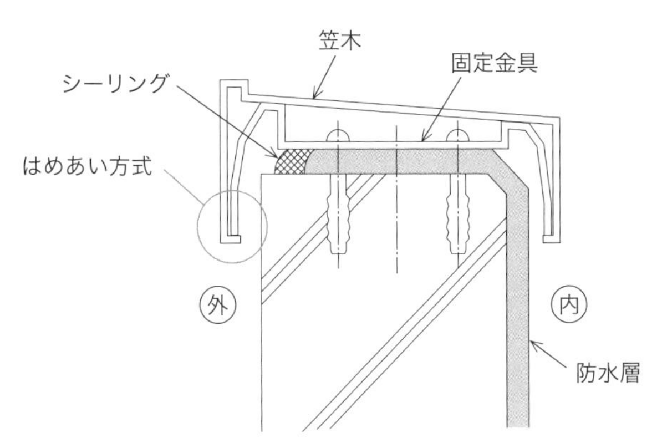

● 笠木の取付状態の例

Ⅱ 第2章 仕上工事

解答例

①	笠木と笠木とのジョイント部は、ジョイント金具とはめあい方式によりはめあい、取り付けを行う。ジョイント部はオープンジョイントを原則とし、温度変化による部材の伸縮への対応のため、5～10 mm のクリアランスを設ける。
②	笠木をはめ込むための固定金具は、パラペット天端にあと施工アンカーなどで堅固に取り付ける。また、笠木が通りよく、かつ、天端の水勾配が正しく保持されるように、あらかじめレベルを調整して取り付ける。

演習問題 9　次の記述において、ⓐからⓔの下線部のうち最も不適当な語句または数値の下部の記号とそれに替わる適当な語句または数値との組合せを、下の枠内から 1 つ選びなさい。

軽量鉄骨天井下地の吊ボルトの間隔はⓐ 900 mm 程度に配置し、周辺部は端からⓑ 150 mm 以内とし、鉛直に取り付ける。また、天井ふところが 1,500 mm 以上の場合は、縦横間隔ⓒ 2,700 mm 程度に吊りボルトの振止め補強を行う。また、野縁の取付け間隔は、下地張りのある場合はⓓ 360 mm 程度、直張りの場合はⓔ 300 mm 程度とする。

(1) ⓐ－ 1200　(2) ⓑ－ 300　(3) ⓒ－ 1800　(4) ⓓ－ 450　(5) ⓔ－ 360

解説　**軽量鉄骨天井下地の吊ボルトの施工上の留意事項**

- 軽量鉄骨天井下地の吊ボルトの間隔は **900 mm 程度**に配置し、周辺部は端から **150 mm 以内**とし、鉛直に取り付ける。
- 天井ふところが 1,500 mm 以上の場合は、縦横間隔 **1,800 mm 程度**に吊りボルトの振止め補強を行う。
- 屋内の軽量鉄骨天井下地の吊ボルトは、間隔を **900 mm 程度**とし、周辺部は端から **150 mm 以内**に鉛直に取り付ける。
- 野縁の取付け間隔は、下地張りのある場合は **360 mm 程度**、直張りの場合は **300 mm 程度**とする。

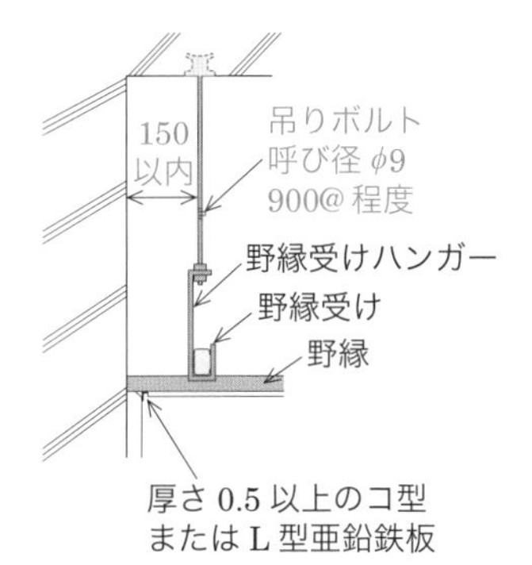

● 天井下地の組み方

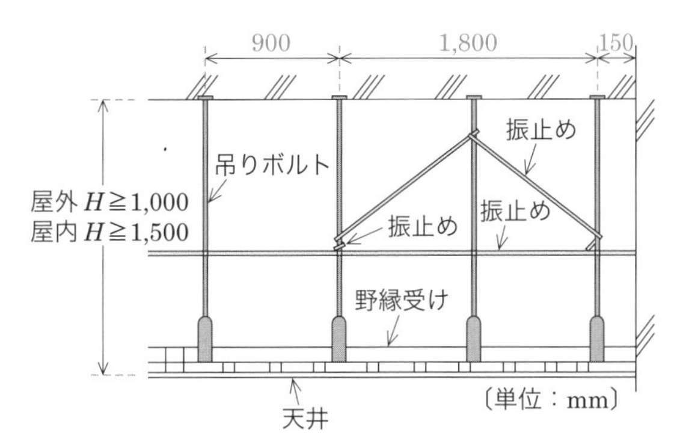

● 天井のふところが大きい場合の補強

解答　(3)

5 左官・吹付工事　ランク★★☆

演習問題 10　外壁コンクリート面に防水形合成樹脂エマルション系複層仕上塗材（防水形複層塗材 E）を用いて外装仕上げとするときの施工上の留意事項を２つ、具体的に記述しなさい。

解説　**防水形合成樹脂エマルション系複層仕上塗材（防水形複層塗材 E）における施工上の留意事項**

- 下塗材の所要量は **0.1 ～ 0.3 kg/m²** とする。
- 主材塗りは基層塗りと模様塗りに分かれており、基層塗りを **2** 回終えた後、**16時間以上**あけてから模様塗りを行う。

・主材は、下地のひび割れに対する追従性を向上させるため、混合時にできるだけ気泡を混入させない。

・入隅、出隅、開口部まわりなど均一に塗りにくい箇所ははけやローラーなどで増塗りを行う。

・模様塗りが終わってから**1時間以内**に凸部の処理をする。

＊防水形合成樹脂エマルション系複層仕上塗材（防水形複層塗材E）は伸縮性と弾力性に富んだ塗材。弾性タイルともいう。

解答例

①	主材塗りは基層塗りを2回終えた後、16時間以上あけてから模様塗りを行う。また、模様塗りが終わってから1時間以内に凸部の処理をする。
②	主材は、下地のひび割れに対する追従性を向上させるため、混合時にできるだけ気泡を混入させない。

演習問題11 次の記述において、ⓐからⓔの下線部のうち最も不適当な語句または数値の下部の記号とそれに替わる適当な語句または数値との組合せを、下の枠内から1つ選びなさい。

左官工事における吸水調整材は、モルタル塗りの下地となるコンクリート面等に直接塗布することで、下地とモルタルの界面にⓐ厚い膜を形成させて、モルタル中の水分の下地への吸水（ドライアウト）によるⓑ付着力の低下を防ぐものである。塗り回数の限度はⓒ2回とし、吸水調整材塗布後の下塗りまでの間隔時間は、一般的にはⓓ1時間以上とするが、長時間放置するとほこり等の付着により接着を阻害することがあるので、ⓔ1日程度で下塗りをすることが望ましい。

(1) ⓐ－薄い　(2) ⓑ－除湿力　(3) ⓒ－1回　(4) ⓓ－3時間　(5) ⓔ－2日

解説 **吸水調整材の使用時における留意事項**

・左官工事における吸水調整材は、モルタル塗りの下地となるコンクリート面などに直接塗布することで、下地とモルタルの界面に**薄い膜**を形成させて、モルタル中の水分の下地への吸水（ドライアウト）による付着力の低下を防ぐものである。

・塗り回数の限度は**2回**とする。

・吸水調整材塗布後の下塗りまでの間隔時間は、通常**1時間以上**とする。

・長時間放置するとほこりなどの付着により接着を阻害することがあるので、**1 日程度**で下塗りをすることが望ましい。

解答 (1)

6 建具・ガラス工事

ランク ★★☆

演習問題 12 鉄筋コンクリート造建物のアルミサッシの枠回り目地に、2成分形変成シリコーン系シーリング材を充填するときの施工上の留意事項を2つ具体的に記述しなさい。
ただし、被着面の確認および清掃、充填後の養生に関する記述は除くものとする。

解説 **2成分形変成シリコーン系シーリング材を充填するときの施工上の留意事項**

・目地幅に適し、底まで届くノズルを装着したガンを用い、目地底から加圧しながら入念に行う。
・充填は**交差部**あるいは**角**から行う。すき間、打ち残し、気泡がないように目地の隅々まで充填する。
・プライマー塗布後、製造業者の指定する時間内に行う。
・シーリング材の打継ぎは、**目地の交差部および角は避けて**行う。
・充填したシーリング材は、内部まで力が十分伝わるように、へら押さえして下地と密着させた後、平滑に仕上げる。

解答例

①	充填は交差部あるいは角から行い、すき間、打ち残し、気泡がないように目地の隅々まで充填する。
②	充填したシーリング材は、内部まで力が十分伝わるように、へら押さえして下地と密着させた後、平滑に仕上げる。

演習問題 13 次の記述において、ⓐからⓔの下線部のうち最も不適当な語句または数値の下部の記号とそれに替わる適当な語句または数値との組合せを、下の枠内から1つ選びなさい。

構造ガスケット構法によるガラスのはめ込みにおいて、ガラスのⓐ面クリアランスが大きくなるとガラスのⓑかかり代がⓒ小さくなり、風圧を受けたときの構造ガスケットのリップのころびがⓓ大きくなるので、ⓔ止水性の低下や、ガラスが外れたり、構造ガスケットがアンカー溝または金属枠から外れたりするおそれがある。

(1) ⓐ−エッジ　(2) ⓑ−強度　(3) ⓒ−大きく　(4) ⓓ−小さく
(5) ⓔ−耐火性

解説　**構造ガスケット構法の施工上の留意事項**

- コンクリート・石などのU字形溝にY字形の構造ガスケットを介してガラスをはめ込むY型ガスケット構法と、金属枠などにH形のガスケットをとめるH形ガスケット構法がある。
- ジッパーガスケットは原則として、ジッパー側を**室内**とする。
- ジッパーを取り付ける際にはジッパーとジッパー溝に滑り剤を塗布する。
- ガラスの**エッジクリアランス**が大きくなるとガラスのかかり代が小さくなり、止水性の低下や、ガラスが外れたり、構造ガスケットがアンカー溝または金属枠から外れたりするおそれがある。

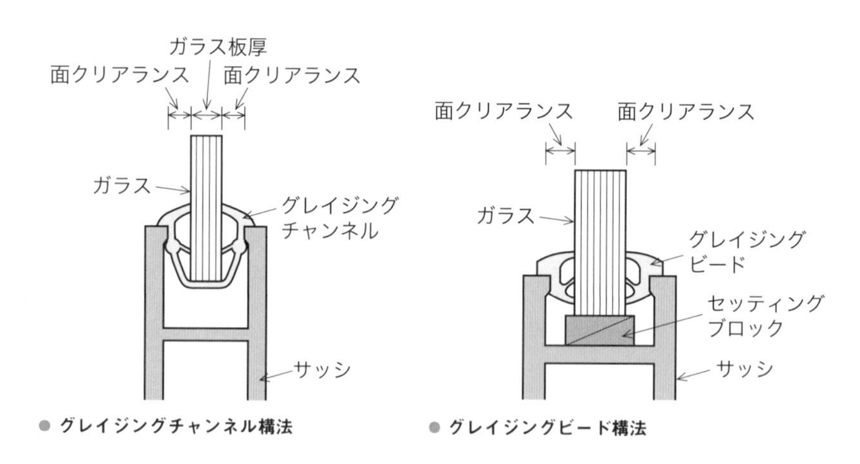

● グレイジングチャンネル構法　● グレイジングビード構法

解答　(1)

7 内装（天井・壁・断熱）工事

ランク ★☆☆

演習問題 14 せっこうボード下地に壁紙を直張り工法で張るときの施工上の留意事項を 2 つ、具体的に記述しなさい。

解説 **せっこうボード下地に壁紙を直張り工法で張るときの施工上の留意事項**

・防火材の認定の表示は防火製品表示ラベルを 1 区分（1 室）ごとに **2 枚以上**張り付けて表示する。

・壁紙および壁紙施工用でん粉系接着剤のホルムアルデヒド放散量は 0.2 mg/l 以下で、一般に、**F☆☆☆☆**としている。

・寒冷期に採暖して施工する場合、乾燥によるジョイントのはがれやすき間の発生の防止に留意する。

・壁紙の張付けを完了したあとの室内は、接着剤の急激な乾燥を避けるため、**通風を避けた**状態とする。

・せっこうボードをせっこう系接着剤で直張りした下地にビニルクロス張りを行う場合、クロスの張付け前に下地を **20 日間以上**放置する。

解答例

①	壁紙の張付けを完了したあとの室内は、接着剤の急激な乾燥を避けるため、通風を避けた状態とする。
②	せっこうボードをせっこう系接着剤で直張りした下地にビニルクロス張りを行う場合、クロスの張付け前に下地を 20 日間以上放置する。

演習問題 15 次の記述において、ⓐからⓔの下線部のうち最も不適当な語句または数値の下部の記号とそれに替わる適当な語句または数値との組合せを、下の枠内から 1 つ選びなさい。

せっこうボードのせっこう系直張り用接着材による直張り工法において、直張り用接着材は、ⓐ 2 時間程度で使いきれる量をたれない程度のかたさに水と練り合わせ、ボードの仕上がり面の高さのⓑ 2 倍程度の高さにダンゴ状に盛り上げる。ボードの張付けにおいては、ボード圧着の際、ボード下端と床面との間をⓒ 10 mm 程度浮かした状態で圧着し、さらに調整定規でたたきながら、所定の仕上げ面が得られるように張り付ける。接着材の塗付け間隔は周辺部より中央部のほうをⓓ大きく、また中央部は 1.2 m より下の部分は 1.2 m を超える部分より

II 第 2 章 仕上工事

ⓔ小さくする。

> (1) ⓐ－1時間　(2) ⓑ－1倍　(3) ⓒ－30mm　(4) ⓓ－小さく
> (5) ⓔ－大きく

解説 **せっこうボードのせっこう系直張り用接着材による直張り工法における施工上の留意事項**

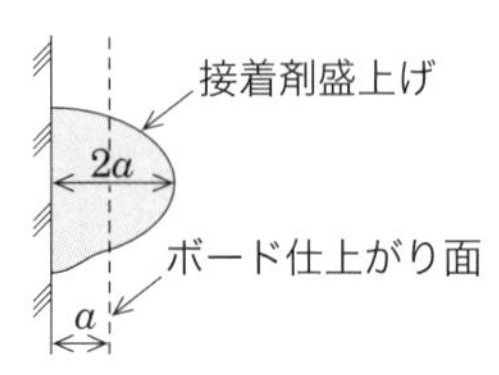

● 接着材の盛上げ高さ

- 直張り用接着材は、**1時間程度**で使いきれる量とし、たれない程度のかたさに水と練り合わせる。
- ボードの仕上がり面の高さの**2倍程度**の高さにダンゴ状に盛り上げる。
- ボードの張付けにおいては、ボード圧着の際、ボード下端と床面との間を**10 mm程度**浮かした状態で圧着し、さらに調整定規でたたきながら、所定の仕上げ面が得られるように張り付ける。
- 接着材の塗付け間隔は周辺部で**150～200 mm程度**、中央部は1.2 m以下の部分は**200～250 mm程度**、1.2 mを超える部分は**250～300 mm程度**とする。

解答 (1)

8 内装（床）工事　ランク★★★

演習問題16　内装床工事において、ビニル床シートを平場部に張り付けるときの施工上の留意事項を2つ具体的に記述しなさい。
ただし、下地の調整・補修、張付け後の清掃に関する記述は除くものとする。

解説 **ビニル床シートへの平場部への張付けにおける留意事項**

- 接着剤の塗布は製造所の指定する**くし目ごて**を用いて塗布する。
- シート類は長めに切断して仮置きし、**24時間以上**放置してなじむようにする。

・シート類の張付け後、表面に出た余分な接着剤をふき取り、ローラーなどで接着面に気泡が残らないように圧着する。
・はぎ目および継目を熱溶接する際、その溝は**V字**または**U字形**とし、幅は均一、深さは床シート厚の**2/3程度**とする。
・熱溶接はシート類の張付け後、**12時間以上**放置した後行う。

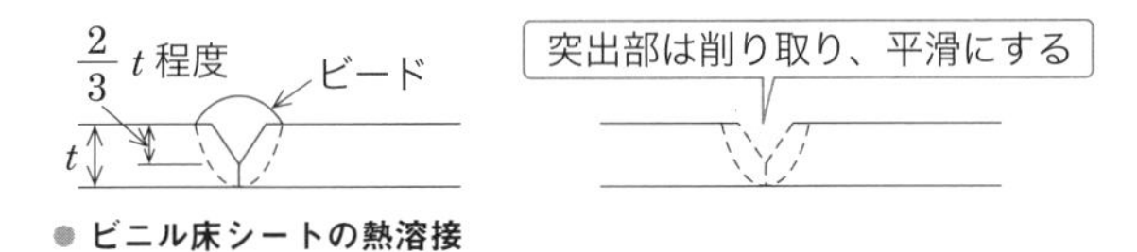

● ビニル床シートの熱溶接

解答例

①	シート類は長めに切断して仮置きし、24時間以上放置してなじむようにする。
②	はぎ目および継目を熱溶接する際、その溝はV字またはU字形とし、幅は均一、深さは床シート厚の2/3程度とする。

演習問題 17 次の記述において、ⓐからⓔの下線部のうち最も不適当な語句または数値の下部の記号とそれに替わる適当な語句または数値との組合せを、下の枠内から1つ選びなさい。

タイルカーペットを事務室用フリーアクセスフロア下地に施工する場合、床パネル相互間の段差とすき間をⓐ1 mm以下に調整した後、床パネルの目地とタイルカーペットの目地をⓑ100 mm程度ずらして、部屋のⓒ中央部から割付けを行う。

カーペットの張り付けは、粘着はく離形の接着剤をⓓカーペット裏全面に塗布し、適切なオープンタイムをとりⓔ中央部から圧着しながら行う。

(1) ⓐ－3 mm (2) ⓑ－10 mm (3) ⓒ－端部 (4) ⓓ－床パネル
(5) ⓔ－端部

解説 **フリーアクセスフロア下地へのタイルカーペットの張付けにおける留意事項**

・タイルカーペットをフリーアクセスフロア下地に施工する場合、床パネル相互間の段差とすき間を**1 mm以下**に調整する。
・タイルカーペットの目地は床パネルの目地と**100 mm程度**ずらす。

II 第2章 仕上工事

・タイルカーペットの割付けは部屋の**中央部**から行い、端部に細幅のタイルがこないように割付けを行う。

・カーペットの張り付けは、粘着はく離形の接着剤を**床パネル全面**に塗布し、適切なオープンタイムをとり、**中央から端部**へ圧着しながら行う。

解答 (4)

9 塗装工事

ランク ★☆☆

演習問題 18 次の記述において、ⓐからⓔの下線部のうち最も不適当な語句または数値の下線部の記号とそれに替わる適当な語句または数値との組合せを下の枠内から1つ選びなさい。

塗装工事における研磨紙ずりは、素地の汚れやさび、下地に付着しているⓐ塵埃を取り除いて素地や下地をⓑ粗面にし、かつ、次工程で適用する塗装材料のⓒ付着性を確保するための足掛かりをつくり、ⓓ仕上りをよくするために行う。

研磨紙ずりは、下層塗膜十分ⓔ乾燥した後に行い、塗膜を過度に研がないようにする。

(1) ⓐ－油分　(2) ⓑ－平滑　(3) ⓒ－作業　(4) ⓓ－付着　(5) ⓔ－硬化

解説 ・研磨紙ずりは、素地の汚れやさび、下地に付着している塵埃を取り除いて素地や下地を**平滑**にし、かつ、次工程で適用する塗装材料の付着性を確保するための足掛かりをつくり、仕上がりをよくするために行う。

・研磨紙ずりは、下層塗膜およびパテが十分乾燥した後に行い、塗膜を過度に研がないようにする。

解答 (2)

10 外装工事

ランク ★☆☆

演習問題 19 次の記述において、ⓐからⓔの下線部のうち最も不適当な語句または数値の下線部の記号とそれに替わる適当な語句または数値との組合せを下の枠内から 1 つ選びなさい。

PC カーテンウォールのⓐファスナー方式には、ロッキング方式、スウェイ方式がある。

ロッキング方式は PC パネルをⓑ回転させることにより、また、スウェイ式方は上部、下部ファスナーのⓒ両方をルーズホールなどでⓓ滑らせることにより、PC カーテンウォールをⓔ層間変位に追従させるものである。

(1) ⓐ—取付　(2) ⓑ—滑らせる　(3) ⓒ—どちらか　(4) ⓓ—回転させる
(5) ⓔ—地震

解説
- PC カーテンウォールのファスナー方式には、ロッキング方式、スウェイ（スライド）方式がある。
- ロッキング方式は PC パネルを**回転（ロッキング）**させることにより層間変位に追従させる方式。追従性に優れ、比較的**縦長なパネル**に適用する。
- スウェイ（スライド）方式は上部、下部ファスナーの**いずれか**をルーズホールなどで**滑らせる**ことにより、水平方向の層間変位に追従させる方式。比較的**横長なパネル**に適用する。
- カーテンウォール部材を精度良く取り付けるためには、建物の基準墨を基にピアノ線などを用いて水平・垂直方向に連続した基準を設定して取り付ける。
- カーテンウォール部材は、パネル材では **3 カ所以上**、形材では **2 カ所以上**仮止めし、脱落しないように固定する。
- 躯体付け金物の取付位置の寸法許容差は、鉛直方向で **± 10 mm**、水平方向で **± 25 mm** とする。

解答 (3)

演習問題 20　次の記述において、ⓐからⓔの下線部のうち最も不適当な語句または数値の下線部の記号とそれに替わる適当な語句または数値との組合せを下の枠内から1つ選びなさい。

コンクリート打放し仕上げ外壁のひび割れ部の改修における樹脂注入工法は、外壁のひび割れ幅が 0.2 mm 以上ⓐ 2.0 mm 以下の場合に主に適用され、シール工法やⓑ U カットシール材充填工法に比べⓒ耐久性が期待できる工法である。

挙動のあるひび割れ部の注入に用いるエポキシ樹脂の種類は、ⓓ軟質形とし、粘性による区分がⓔ低粘度形または中粘度形とする。

(1) ⓐ－1.0　(2) ⓑ－V　(3) ⓒ－耐水　(4) ⓓ－硬　(5) ⓔ－高

解説 **コンクリート打放し仕上げ外壁のひび割れ部の改修における樹脂注入工法の施工上の留意事項**

- コンクリート打放し仕上げ外壁のひび割れ部の改修における**樹脂注入工法**は、外壁のひび割れ幅が **0.2 mm 以上 1.0 mm 以下**の場合に主に適用され、シール工法やUカットシール材充填工法に比べ耐久性が期待できる工法。
- 挙動のあるひび割れ部の注入に用いるエポキシ樹脂の種類は、**軟質形**とし、粘性による区分が**低粘度形**または**中粘度形**とする。

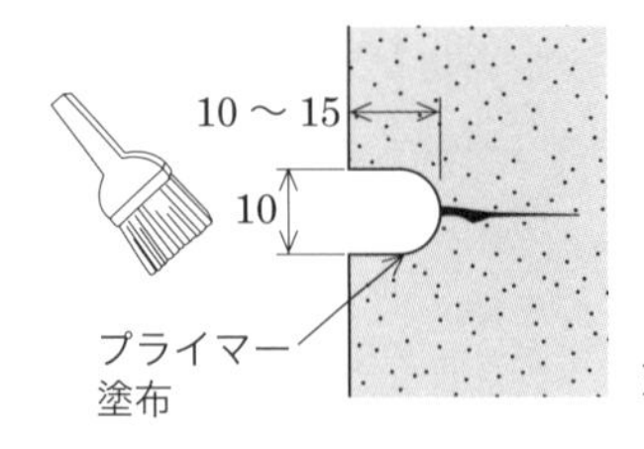

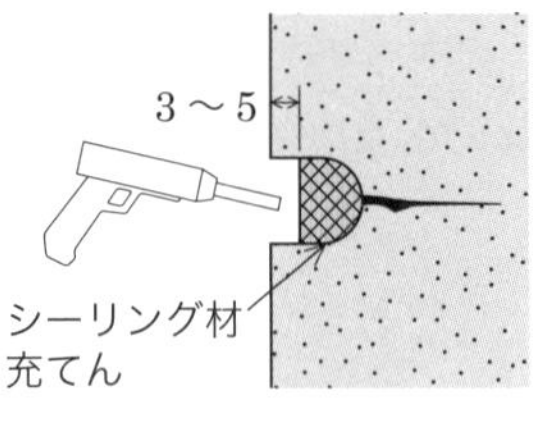

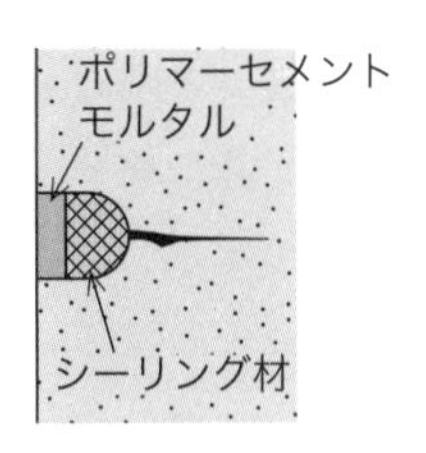

● Uカットシール材充てん工法（シーリング用材料の場合）

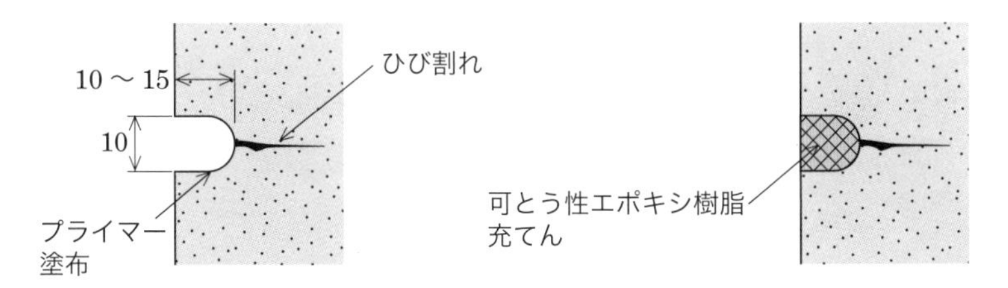

● **Uカットシール材充てん工法（可とう性エポキシ樹脂の場合）**

解答 (1)

第3章 施工管理法

ネットワーク工程表、バーチャート工程表を用いた工程管理に関して出題される。ともに、用途は事務所で、建物の構造・規模は、鉄筋コンクリート造、地下1階地上6階建て、延べ床面積は約3,000 m^{2}前後である。

3-1 施工管理法の出題内容と解説

1 バーチャート工程表　ランク★★★

過去の出題内容は、バーチャート工程表による工程管理上の読取りの問題である。設問形式は次のとおりである。

・工程に該当する作業名を解答する問題（作業名記述）
・不適当な工程を指摘し、正しい作業時期を解答する問題（適当な工程の最終日の旬日など）
・工種別工事の欄に、適切な作業工程を解答する問題（作業における開始日と終了日を月の上旬、中旬、下旬で解答）

工事概要は構造・規模、山留、乗入構台、外部仕上げ、屋上防水などの設定による。これに伴い作業工程が決まる。各工事の関連と工期、工事内容を理解すれば、比較的やさしい問題である。

基本事項

中規模程度の建築物のバーチャート工程表を想定して、仮設工事の準備から、着工、土工事、事業工事、鉄筋、型枠、コンクリート工事、鉄骨工事などの躯体工事、そして防水工事、カーテンウォール工事、金属製建具工事、金属工事、内装工事、塗装工事などの仕上工事、外構工事、設備工事、検査までの工程概要を整理しておくこと。

仮設工事

［準　備］ 仮囲い、仮設事務所、下請詰め所、関係官庁への工事計画届、仮設電力引込み、上下水道申請・引込み、歩道切下げなどがある。

［乗入れ構台（桟橋）］ 乗入れ構台組立作業（構台杭打設、山留めH鋼打ち、杭打ちなどが含まれる）と、**解体作業**（乗入れ構台）がある。

［地足場］ 地下階、1階の柱筋や基礎の地中梁の鉄筋の**組立**に必要な足場である（地足場を利用した基礎地中梁のコンクリート打設には、コンクリート足場としても作業床を構築することが必要）。

［外部足場］ 外部足場が必要とされる時期と解体時期の指摘。

［タワークレーン（揚重機）］ タワークレーンで何を揚重するかにより、タワークレーンの組立、稼働と、**解体の時期**が決まる（設置期間、解体時期の指摘）。

［ロングスパンエレベーター］ **揚重運搬機械**の設置にあたっては、構造物との納まりや強度を確認し、機械の搬入組立および**解体搬出**方法まで考慮して計画を立案する（設置期間、解体時期の指摘）。

［片付け・清掃・クリーニング］ 片付け・清掃は、竣工検査前に行う。クリーニングは、地引渡し前に行われる。

＊**乗入れ構台解体の時期**…乗入れ構台上での鉄骨建て方の有無、山留めH鋼の引抜きの有無、水平切梁の解体作業が構台上で行うかどうか、乗入れ構台上での作業でないと不可能な作業の有無を検討し解体時期を決める。

杭工事（地業工事）

［PC杭（既製杭）］

- **杭打ち**：機械の搬入、組立、杭の溶接などの作業がある。
- **打込み**：**杭頭処理**の作業がある。

［場所打ちコンクリート杭（アースドリル・ベノト・リバース杭）］

- **杭打ち**：機械の搬入、組立、プラント設置（泥水・薬液用）の作業がある。杭打ち重機の移動…路盤の補強作業（鉄板敷き）、沈殿槽設置（ベントナイト混じり泥水）、特別管理廃棄物処理作業がある。
- **打込み**：鉄筋かごの組立、移動、**杭等処理**の作業がある。

［深礎工法］ 建物重量を地中の支持層に伝達する役目を担う杭を地中深く施工する杭工法の一種。

支持地盤が比較的浅いとき、円筒形の山留め壁を施工して直接入力、または小型掘削機械を用いて円筒形の中を支持地盤まで掘削し、組み立てた鉄筋かごを設置してコンクリートを打設する基礎で、地下1階の床付けが完了して、その地盤面から山留めをして行う作業が一般的であるが、どの深さからも行える。掘削は人力または機械により行いつつ、鋼製波板とリング枠（主にライナープレート）で土留めを行う。

孔内で鉄筋を組み立て、土留め材を取り外しながらコンクリートを打設し杭を形成する。

［ラップル基礎］ ラップルコンクリート（基礎下から支持地盤まで打設する無筋コンクリート）を用いた基礎。盛土や軟弱な地盤が厚くなく、直下に硬質地盤がある場合に適している。支持地盤までを固めて地層を構築する基礎工事をいう。

土工事

［一般的な地下工事の作業手順］

山留め壁工事→杭打ち→1次根切り→乗入れ構台組立→1段切梁架け→2次根切り→床付け→杭頭処理→砕石事業→捨てコンクリート打ち→基礎・地中梁・耐圧盤→B1F スラブ→仮切梁①架け→1次埋戻し→1段切梁払し→B1F 立上がり→2次埋戻し→仮切梁②架け→山留めH鋼引抜き→乗入れ構台解体となる。

［ 2段切梁による地下工法の手順 ］

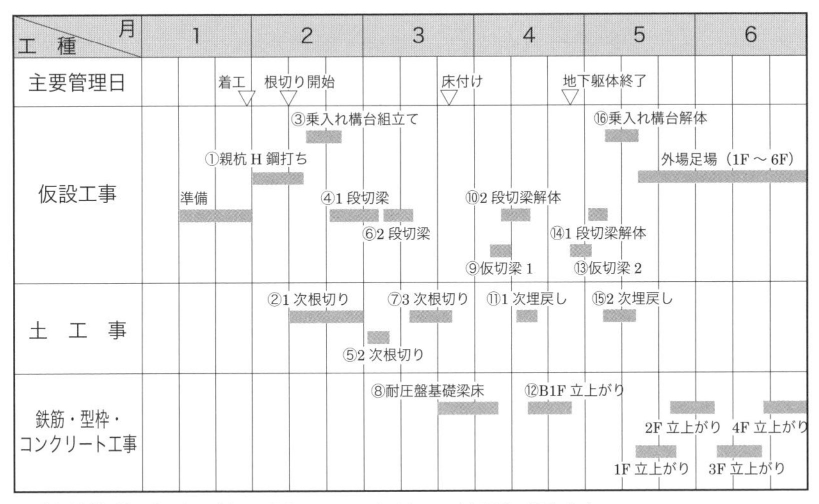

（**直接基礎の場合**：杭工事なし、したがって杭頭処理なし）

［ 1段切梁による地下工法の手順 ］

工種＼月	1	2	3	4	5	6
	着工				地下躯体完了	
仮設工事	準備	③乗入れ構台組立て			⑭乗入れ構台解体	
土工事	①山留めH鋼打ち ②1次根切り	②1次根切り ④切梁架け ⑤2次根切り	⑨切梁払し		⑬H鋼引抜き ⑫埋戻し	
地業工事		⑥捨てコンクリート				
鉄筋・型枠 コンクリート工事		⑦基礎耐圧盤	⑦基礎耐圧盤 ⑧B1F床	⑩B1F立上がり		2F 3F 4F 5F
鉄骨工事				アンカーボルト埋込み	鉄骨建て方 本締め	デッキプレート敷き 本締め 耐火被覆
防水工事					⑪地下外壁外防水	
設備工事		アース板埋設	電気・給排水衛生・空調・他	電気・給排水衛生・空調・他	電気・給排水衛生・空調・他	電気・給排水衛生・空調・他

（**直接基礎の場合**：杭工事なし、したがって杭頭処理なし）

［山留め］

・**山留め工事**：親杭 H 鋼打ち、鋼矢板打込み、SMW 工法などがある。

・**支保工工事**：水平切梁架けや切梁払し、集中切梁架けや解体、地盤アンカー工事がある。

・**切梁工事**：1段目切梁架け、2段切梁架け、仮切梁1、仮切梁2、1段目切梁解体、2段切梁解体などがある。

・**地盤アンカー工事**：1段地盤アンカー架け、2段地盤アンカー架け、地盤アンカー解体などがある。

［根切り（掘削）］ **1次根切り、2次根切り、3次根切り、床付け、1次埋戻し、2次埋戻し、3次埋戻し、砕石敷き**等の作業がある。

山留め壁工事→1次根切り→山留め壁にブラケットの溶接→1段腹起こし→水平1段切梁→2次根切り（中央から周辺に実施）→床付け、砕石敷き・転圧、捨てコンクリート打ちとなる。

2段切梁の設置がある場合、3次根切り→床付け、砕石敷き・転圧、捨てコンクリート打ちとなる。

地下の耐圧盤・基礎工事の躯体工事、B1F のスラブコンクリート工事完了→ B1F スラブ高さで基礎地中梁と山留めの間に仮切梁1を架ける→1次埋戻し→2段切梁解体（腹起し材、ブラケット、棚杭など共に解体）→ B1F 立上りの躯体工事完了→仮切梁2→2次埋戻し→1段切梁解体（腹起し材、ブラケット、棚杭など共に解体）となる。

親杭横矢板工法では、**親杭引き抜き**作業がある。

地下外壁防水工事をする場合は、基礎・地下梁と B1F 立上り躯体工事完了後、**仮切梁1・2架け**をしたままで、防水工事を行う。**1次埋戻し、2次埋戻しは防水後**の作業となる。

［ディープウェルの設置と撤去］

・**設置**：杭工事の前後（鋼管を地下水層のある深さまで埋め込み、鋼管の中に水中サンドポンプを設置し揚水）。

・**撤去**：構台桟橋撤去前または、地下躯体工事が完了後地下水の湧水がとまったとき。

鉄筋・型枠・コンクリート工事

[一般的なコンクリート打設の作業手順（杭基礎の場合）]

床付け → 杭等処理 → 砕石敷き・転圧 → 捨てコンクリート（打設）→墨出し → 鉄筋組立 → 型枠工事 → 基礎・地中梁コンクリート（打設）→B1F 床（コンクリート打設）→ B1F 立上がり（コンクリート打設）→ 1F（コンクリート打設）→ 2F（コンクリート打設）……→ RF（コンクリート打設）→ PH1F（塔屋・パラペットコンクリート打設）→防水保護コンクリート（打設）となる。

[捨てコンクリート] 床付け、杭頭処理、砕石敷き・転圧の後に打設する。

[耐圧盤・地中梁・基礎工事]

- **直接基礎：床付け、砕石敷き・転圧、墨出し、鉄筋組立、型枠工事**の後に、コンクリート打設する。
- **杭基礎：床付け、杭頭処理、砕石敷き・転圧、墨出し、鉄筋組立、型枠工**事の後に、コンクリート打設する。

[各階コンクリート打設] B1F 床、B1F 立上がり、1F 立上がり、2F 立上がり……RF → PH1F（塔屋・パラペット）→防水保護コンクリートとなる。

[ピット、エレベーター] 耐圧盤や基礎工事に先行して工程表示される。多少の深さの違いは、耐圧盤・地中梁・基礎工事と同時施工で表示される。

[免震工事] 鉛直方向に構造物を支持しつつ水平方向に柔軟に変位可能なアイソレータ（isolator）を設置することで、地盤（もしくはほかに土台となるもの）の動きに追随しないで済むようにする。建築では、金属板とゴムを交互に重ねた積層ゴムアイソレータが広く使われる。基礎耐圧盤施工後に**免震部材（アイソレータ、ダンパー）を設置し、免震層立上り**部を施工する。

鉄骨工事

[一般的な鉄骨工事の作業手順]

アンカーボルト設置→建て方（歪み直し含む）→本締め・高力ボルト締付けと進み、その後デッキプレート敷き（鉄筋配筋したフェローデッキプレート敷きなど）や耐火被覆の手順となる。

[アンカーボルト] 躯体工事と鉄骨建て方が関連する。設置場所は、基礎・

地中梁、RC造地下1階の躯体などがある。**テンプレート設置**、**アンカーフレーム設置**などで表す場合もある。

［建て方］ 全鉄骨建て方を一気に行う場合のほか、各階ごとにプレキャスト壁を取り付け、コンクリートスラブを打設して次の上階の鉄骨の建て方を繰り返して行う建て方もある。建て方揚重機を使用するとき、タワークレーンや移動式クレーンの設置開始時と解体搬出時期を考慮しておく。

［本締め・高力ボルト締付け］ 建て方後歪み直しの作業を行い本締めを行う。高層建築において、柱の溶接継手がある場合、**エレクションピースの締付け**を表示する場合がある。

［デッキプレート敷き］ 本締め作業完了後、スラブの型枠代わりに用いる。梁鉄骨に溶接かスタッドで固定し、その後配筋支コンクリートを打設する。

［耐火被覆］ 耐火被覆を行う場合は、本締め作業後に開始する。デッキプレート使用の場合はデッキプレート敷き完了後に開始する。

［外壁下地鉄骨組み］ 外壁に金属パネルなどを取り付ける場合、外壁下地の鉄骨組みを必要とする。

外壁工事（カーテンウォール、ALCパネル、押出成形セメント板工事）

［金属建具（アルミ）カーテンウォール］ 取付方法により、方立て方式（マリオン方式）、バックマリオン方式、スパンドレル方式、パネル方式などがある。マリオン方式は最上階の躯体工事が完了してから取付け作業が開始されるのが一般的である。それ以外の方法は、任意のフロアの躯体が完了すれば取付け作業に着手できる。

ガラスのはめ込みは、あらかじめはめ込まれたものと、取付け後にはめ込むものがある。ガラスシーリング、またはカーテンウォール間のシーリング工事は後でゴンドラにて行う場合が多い。

［プレキャストカーテンウォール］ 取付けは、S造、SRC造の躯体工事が完了してから下階から取り付ける方式と、1フロアごとに躯体工事が終了後にプレキャストを取り付けるサイクル型の方法がある。揚重機械でタワークレーン、移動式クレーンが用いられ、無足場工法が一般的である。**タワークレーンの解体時期**を考慮しておく。プレキャストの仕上げ、ガラスの嵌込み、シーリングはゴンドラ作業となる。

［ALCパネル］ 鉄骨工事完了後、床工事が終了してからALCパネルの取付けとなる。ALCパネルは、中塗り仕上げまで工場で行い、現場に持ち込み施工することもできる。

［押出成形セメント板］ 鉄骨工事完了後、床工事が終了してから押出成形セメント板の取付けとなる。

防水工事

［屋上防水工事］ アスファルト防水工事、改質アスファルト防水工事、合成高分子系シート防水工事、塗膜防水工事などがある。防水工事の着手時期は、下地コンクリート**打設後3週間（21日）**程度経過して乾燥状態になったときからである。

［外壁シーリング］

- **タイル張り**：タイル張り目地詰め後、**最低2週間**くらいの乾燥期間をおきシーリング工事に着手する。
- **サッシまわり**：サッシトロ詰め後、乾燥期間を確保して着手する。
- **打継ぎ目地・伸縮調整目地**：被着体の乾燥期間を確保して着手する。

［地下ピット防水］ モルタル防水、アスファルト防水、塗膜防水などがある。ピット下地の調整と乾燥期間を確保して着手する。

タイル工事

外壁タイル張り工事は、タイル下地モルタル塗り乾燥後、着手する。

タイル割付図作成→**タイル見本焼き（3週間程度）**→**タイル本焼き（6週間程度）**と進める。躯体と下地のひび割れ誘発目地の位置に合わせてタイル張りも伸縮調整目地を合わせ、入隅部、建具枠まわり、設備器具との取合い部に伸縮調整目地を設けることが望ましい。サッシやカーテンウォールなどを取り付けた後、タイル張りをするのが一般的である。

左官工事

［外壁コンクリート面］ **下地調整作業**はコンクリート面の素地ごしらえで、

サッシ取付け、トロ詰めなどの作業工程をチェックしながら着手する。
［外壁タイル下地モルタル塗り］ 型枠解体が完全に終了してからの場合と、工期が厳しい場合で3～4階上の型枠を解体中に着手する場合がある。型枠解体が終了して垂直水平墨出しを行い、コンクリート面の下地調整と外部建具取付工事を並行して行うことがある。下塗りモルタルは荒め櫛でこすり、**約2週間の養生（乾燥）期間**をとり、中塗りを行う。中塗りモルタルが乾燥してから張付けモルタルでタイル張りを行う。
［内部モルタル塗り］ 内部仕上工事は、天井→壁→床の順となる。左官工事は水を使用するため、吸水率の大きいプラスターボードなどを使用する場所は、モルタル塗りが終了して**3週間程度乾燥期間**をおいて施工に着手する。

金属性建具工事

［外部建具・ガラス取付け］ 躯体工事完了後、型枠解体作業の後墨出しを行ってから建具の取付けを行う。

ガラスをはめ込み、シーリングをする。カーテンウォールなど、無足場工法の場合は、シーリング作業はゴンドラ作業となる。

外部建具・ガラスの取付けが終わると、外気との遮断が可能となり、内部の天井や壁のプラスターボード張り作業が可能となる。

［内部建具取付け］
- **鋼製建具**：軽量鉄骨間仕切り組立後、建具枠取付けとなる。
- **木製建具**：間仕切り完了後、建具枠取付けとなる。

［シャッター取付け］ 躯体の墨出し後ガードレールを取り付け、トロ詰めする。その後に上部シャッターボックスとシャッター本体を取り付け、最終調整は、床仕上げが完了し電源が引き込まれた後に行う。

金属工事

［天井・壁軽量鉄骨下地組］ 型枠解体工事が終了し、設備の配管（天井・ダクトなど）が終わると一般的には天井軽量鉄骨下地組となる。防火区画や遮音壁の場合は、間仕切り壁下地がスラブ下固定となるため、施工手順は壁の軽量鉄骨下地組が天井より先行する。天井・壁軽量鉄骨下地組と平行して、

電気設備配線工事や建具枠取付工事が施工される。

［笠木金物］ パラペット、屋上立上がり笠木金物（アルミ製・ステンレス製など）は、立上がり防水工事が終了した後に取付工事を行う。

［丸環］ 屋上パラペット立上がり躯体工事の段階で、丸環金物のアンカー部を型枠に取り付けコンクリートを打設する。

［手すり工事］

- **バルコニー手すり**：手すり取付け後、排水溝仕上げ、手すり下部立上がり部仕上げ、防水工事または塗膜防水工事を行う。
- **屋上手すり**：防水工事、防水押さえコンクリート打設後、手すり子の基礎工事を行い、手すりを設置する。

［ルーフドレイン］ 躯体工事の段階で設置して、コンクリート打設を行う。

内装工事

［天井ボード張り］ 天井軽量鉄骨下地組工事完了後に着手する。ただし、外気が遮断されている状態でなければ着手してはならない。

［壁ボード張り］ 壁軽量鉄骨下地組工事完了後に着手する。ただし、外気が遮断されている状態でなければ着手してはならない。

［壁 GL 工法とクロス張り］ 外部建具・ガラス工事完了後に着手する。階高のある壁 GL 工法は、上段プラスターボード張りの後 1 週間程度経過して下段のボードを張ることが望ましい。**GL 工法の乾燥**は、**最低 1 週間の養生**が必要である。

プラスターボードにクロス類を張る場合は、**通気性のあるクロスは 7 日間養生**し、**通気性のないビニルクロスは 20 日間以上**の養生が必要である。

［床ビニルタイル・ビニルシート張り］ 床モルタル塗りの下地の後、**3 週間（21 日間）以上の乾燥期間**をおいて施工する（接着剤の接着力にばらつきや剥離のおそれが生じる）。

［各種カーペット張り］ コンクリートやモルタル塗り下地を十分乾燥させる。乾燥期間の養生期間を確保する。

［エポキシ樹脂・ウレタン樹脂塗膜仕上げ］ コンクリートやモルタル塗り下地を十分乾燥させる。下地施工後 3 週間（21 日間）以上の乾燥期間をおいて施工する。

塗装工事

［内部塗装仕上げ］

- **ボード面塗装（GL 工法下地以外）**：接着剤乾燥後着手する。
- **GL 工法下地のボード面塗装**：20 日間以上の乾燥期間をおいて着手する。塗装下地は、高周波水分計で 10％以下、pH9 ～ pH8 程度の中性に近い下地がよい。

外構工事

［舗装工事・植栽工事］ 外部足場の解体工事後に着手し、竣工検査前に完了させる。

エレベーター工事

設置までの手順は、図面承認→工場製作→工場社内検査→現場三方枠取付け→シャフト内ガイドレールの取付け→エレベーター機械室へのモーター備え付け→かごの搬入→工事完成後労働基準監督署の検査→許可となる。

エレベーター据付け後、仮設工事の昇降設備として使用する場合は、労働基準監督署の検査合格後に使用でき、その後本設として引き渡す場合は、再度労働基準監督署の竣工検査を受け、合格後に引き渡す。

設備工事

［電気・給排水衛生・空調工事］ 基礎工事終了後から竣工検査前まで工事期間が続く。

- **アース板設置**：基礎・耐圧盤・地中梁工事前、もしくは工事中に設置。
- **スリーブ取付け**：地中梁や各階梁に雑排水用などのスリーブ、給水用スリーブ、電気幹線引込み用スリーブ取付工事などがある。

検　査

配筋検査、中間検査（中間工程検査、消防中間検査）、落成検査（エレベーター検査・エスカレーター検査、リフト検査等）、完了検査（社内検査、設計事務所検査、工事監理者検査、施主検査、行政検査など）がある。

2 バーチャート工程表の工種別各作業（記述例） 

市街地での事務所ビルの建設工事における工程表

凡例1 ［工事概要］

・**構造・規模**：鉄筋コンクリート造、地下1階地上6階建、延べ面積3,000 m^2 とする。

・**山留め**：親杭横矢板工法で外部型枠兼用（片面型枠となる）とし、親杭は引き抜かないものとする。

・**外壁仕上げ**：建物正面は全面アルミカーテンウォール、他の面はコンクリート打放しのうえ、複層仕上塗装仕上げとする。

工種＼月	1	2	3	4	5	6	7	8	9	10	11	12
	着工▽			地下躯体完了▽				躯体完了▽		受電▽		竣工▽
仮設工事	準備	乗入構台架け		乗入構台解体	外部足場	リフト					片付け・清掃	
杭工事	アースドリル杭	杭頭処理										
土工事	山留親杭	1次根切 2次根切・床付け 切梁架け	切梁解体									
鉄筋・型枠 コンクリート工事			基礎耐圧盤 B1Fスラブ	B1F立上	1F立上り	2F立上り 3F立上り	4F立上り 5F立上り	6F立上り 搭屋立上り・パラペット				
防水工事								屋上防水	外壁シーリング			
カーテン ウォール工事								カーテンウォール取付け				
左官工事							外壁複層塗装仕上げ		外壁コンクリート面調整			
金属製建具工事							外部建具・ガラス取付け		内部建具取付け			
金属工事							天井・壁軽量鉄骨下地組					
内装工事								天井ボード張り	壁ボード張り	床仕上げ		
塗装工事									内部塗装仕上げ			
外構工事											舗装・植栽	
エレベーター工事									据付		仮設使用	
設備工事		アース板埋設		電気・給排水衛生・空調・他								
検　査						中間検査		消防中間検査		ELV労基署検査	社内検査	完了検査

凡例２ ［工事概要］

構造規模は、鉄筋コンクリート造地上５階建、延べ面積 2,500 m² とし、外壁仕上げは、１階４面は石張り、２階から上部はすべてタイル張りとし、石張りとタイル張りの見切りには金属製のボーダーを設けるものとする。

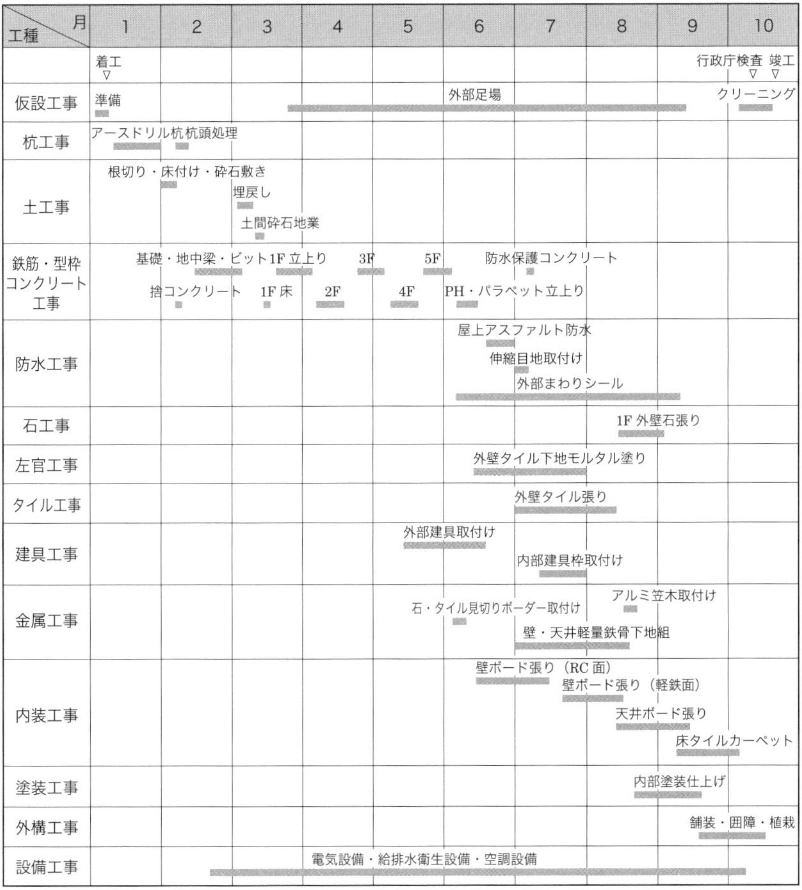

工種＼月	1	2	3	4	5	6	7	8	9	10
	着工▽									行政庁検査▽ 竣工▽
仮設工事	準備		外部足場							クリーニング
杭工事	アースドリル杭	杭頭処理								
土工事		根切り・床付け・砕石敷き	埋戻し 土間砕石地業							
鉄筋・型枠コンクリート工事		捨コンクリート 基礎・地中梁・ピット	1F床 1F立上り	2F 3F	4F 5F	PH・パラペット立上り	防水保護コンクリート			
防水工事						外部まわりシール 屋上アスファルト防水	伸縮目地取付け			
石工事								1F外壁石張り		
左官工事						外壁タイル下地モルタル塗り				
タイル工事							外壁タイル張り			
建具工事					外部建具取付け		内部建具枠取付け			
金属工事						石・タイル見切りボーダー取付け	壁・天井軽量鉄骨下地組	アルミ笠木取付け		
内装工事						壁ボード張り（RC面）	壁ボード張り（軽鉄面）	天井ボード張り	床タイルカーペット	
塗装工事								内部塗装仕上げ		
外構工事									舗装・囲障・植栽	
設備工事		電気設備・給排水衛生設備・空調設備								

Ⅱ 第3章 施工管理法

凡例3 ［工事概要］

構造規模は、鉄骨造地上6階建、延べ面積3,000 m^{2}であり、外壁は、ALCパネル張りのうえ複層塗材仕上げとする。なお、地下階はないが地下に受水槽室およびエレベーターピットを設ける。また、エレベーターは工事用として仮設使用する。

工種＼月	1	2	3	4	5	6	7
	着工▽		上棟▽			受電▽ 行政検査▽	竣工▽
仮設工事	準備　山留め杭		外部足場（1F～6F）			クリーニング	
杭地業工事	PC杭	杭頭処理					
土工事	根切り		埋戻し				
鉄筋・型枠コンクリート工事	エレベーター・ピット・受水槽室　躯体	捨コン基礎・地中梁	2F床　4F　6F 1F土間　3F　5F	RF床 パラペット立上り・PH	伸縮目地材取付・押えコンクリート		
鉄骨工事		アンカーボルト	建方 本締め	耐火被覆			
デッキプレート工事			合板床デッキ敷き				
防水工事				サッシ・ALC目地シーリング	屋上アスファルト防水		
外壁ACLパネル工事				外壁ALCパネル			
金属製建具工事				外部AW建具取付け 内部建具枠取付け			
外壁左官工事					複層塗材仕上		
金属工事				壁軽量鉄骨下地組	天井軽量鉄骨下地組		
内装工事					壁ボード張り 天井ボード張り	クロス張り タイルカーペット敷き・長尺シート張り	
エレベーター工事				エレベーター取付け	エレベーター仮設使用		
設備工事		電気設備・空調機械設備・給排水衛生設備					
外構工事						塀・花壇・舗装	

凡例 4 ［工事概要］

構造規模は、鉄筋コンクリート造地上 5 階建、ただし、地下階はなく、基礎部分に免震層を設けている。また、外壁仕上げは、正面はガラスカーテンウォールで、他の 3 面は現場打ちコンクリート下地 2 丁掛けタイル張りとする。

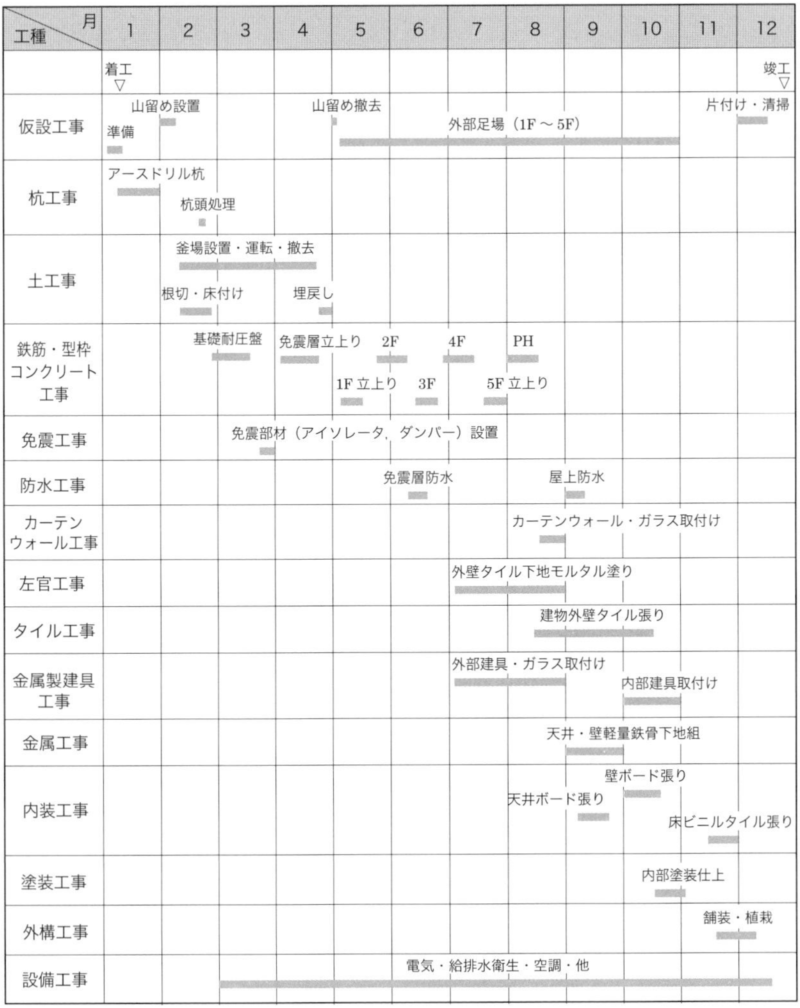

工種＼月	1	2	3	4	5	6	7	8	9	10	11	12
	着工▽											竣工▽
仮設工事	準備	山留め設置			山留め撤去		外部足場（1F～5F）					片付け・清掃
杭工事	アースドリル杭	杭頭処理										
土工事		釜場設置・運転・撤去 根切・床付け		埋戻し								
鉄筋・型枠コンクリート工事			基礎耐圧盤	免震層立上り	1F 立上り	2F 3F	4F	5F 立上り PH				
免震工事			免震部材（アイソレータ，ダンパー）設置									
防水工事						免震層防水			屋上防水			
カーテンウォール工事								カーテンウォール・ガラス取付け				
左官工事							外壁タイル下地モルタル塗り					
タイル工事								建物外壁タイル張り				
金属製建具工事							外部建具・ガラス取付け			内部建具取付け		
金属工事									天井・壁軽量鉄骨下地組			
内装工事									天井ボード張り	壁ボード張り		床ビニルタイル張り
塗装工事										内部塗装仕上		
外構工事												舗装・植栽
設備工事			電気・給排水衛生・空調・他									

凡例5 ［工事概要］

地下および地上階が鉄骨鉄筋コンクリート構造で、外壁はプレキャストコンクリートカーテンウォールとする。

工種＼月	1	2	3	4	5	6	7	8	9	10	11	12
	着工▽											竣工▽
仮設工事	準備	乗入れ構台組立			乗入れ構台解体	ジブクレーン設置						片付け・清掃
杭工事	アースドリル杭		杭頭処理									
山留め工事	親杭打込	切梁架け		切梁解体	親杭引抜							
土工事		ディープウェル設置・運転・撤去 1次根切 2次根切・床付け			埋戻し							
鉄筋・型枠工事			基礎躯体	B1F 立上り躯体			地上階躯体					
コンクリート工事			基礎 B1F		B1F 立上り		1F 立上り 2F	3F 4F	5F 立上り PF			
鉄骨工事				地下階鉄骨建		地上階鉄骨建方・本締						
防水工事										アスファルト防水 外壁シーリング		
カーテンウォール工事										カーテンウォール・ガラス取付け		
建具工事										ドア・シャッター取付け		
金属工事									壁・天井軽量鉄骨下地組			
内装工事											壁・天井ボード張り タイルカーペット張り	
塗装工事											壁・建具他塗	
外構工事												塀・植栽
設備工事			電気・給排水衛生・空調・他									

3 ネットワーク工程表 ランク★★★

最近は、バーチャート工程表の設問からRC造事務所ビル建設工事のネットワーク工程表に関する出題が続いている。工事の途中階（3階等）での躯体工事工程や内装工事工程における設問が主で、工区別の作業を示し、作業名、作業内容、担当する作業班をネットワーク化した問題となっている。設問形式は、以下のとおりである。

・各工事における作業内容を解答する問題
・各作業のフリーフロート計算をし、解答する問題
・総所要日数の計算と具体的な暦日の工事完了日に関する問題
・工程表の見直し等（作業順序、総所要日数、工程短縮の日数、作業人員の見直し、工程遅延日数等）に関する問題

基本事項

1. ネットワーク計算による最早開始時刻、最遅完了時刻、トータルフロート、フリーフロート、クリティカルパスの求め方

［アクティビティ］
・矢（アロー）で示す矢印をいう。
・工事の工程を分割してできる工事活動の単位をいう。
・作業の時間的経過を示す。
・左から右に書く。矢印の長さは時間に関係なく、矢印の下に必要な時間数を記入し、上には作業の内容を記入する。

［イベント（イベントノード）］
・○印で示し、作業の開始、終了時点および作業と作業の結合点を示す。
・イベントに入ってくる多くのアクティビティの全部が完了しないと、そのイベントから出てくるアクティビティは、開始できない。
・同一のイベント間には1つしかアクティビティを表示してはならない。
・イベントナンバーは、同じ番号が2つ以上あってはならない。

［ダミー］
・点線の矢印（----►）で示し、架空の作業を示す。
・作業の相互関係を結びつけるのに用いる。作業名は、無記入とし、日数

は0で、仕事の流れ（仕事の順序）だけを示す。

【パ　ス】 ネットワークの中で2つ以上の作業の連なりをいう。

【フロート】 作業のもつ余裕時間をいう（FF・DF・TF）。

【フォローアップ】 工事の途中で、計画と実績を比較し、納期に影響を与えるおそれが認められた場合には、計画を修正する。この操作をいう。

【最早開始時刻（EST）】 各イベント（結合点）において次の作業が最も早く開始できる時刻で、その計算は矢印（──►）の尾の接するイベントの最早結合時刻にその作業の所要時間を加えて矢印の頭の接するイベントの最早開始時刻とする。

イベントに2つ以上の作業が先行している場合は、その最も多い時間がEST となる。

【最遅完了時刻（LFT）】 工事が所定の工期内に完了するために各イベントが遅くとも完了していなければならない時刻をいい、その計算はESTの場合、逆に最終イベントESTから先行作業の所要時間を引いて算出する。イベントが2つ以上あるときはその最小値をとる。

【自由余裕（フリーフロート）（FF）】

・先行作業の中で自由に使っても後続作業に影響を及ぼさない余裕時間をいう。

・FFとTFの関係は、FF ≦ TFとなる。

・クリティカルイベントを終点とする作業はFFはTFに等しい。

FF＝(矢線の頭のEST)－{(矢線の尾のEST)＋(矢線作業の所要日数)}

【干渉余裕（ディペンデントフロート）（DF）】 その作業で消費しなければ、後続の矢線の最早開始時刻に影響を与える時間をいう。

DF＝(矢線の頭のLFT)－(矢線の頭のEST)＝TF－FF

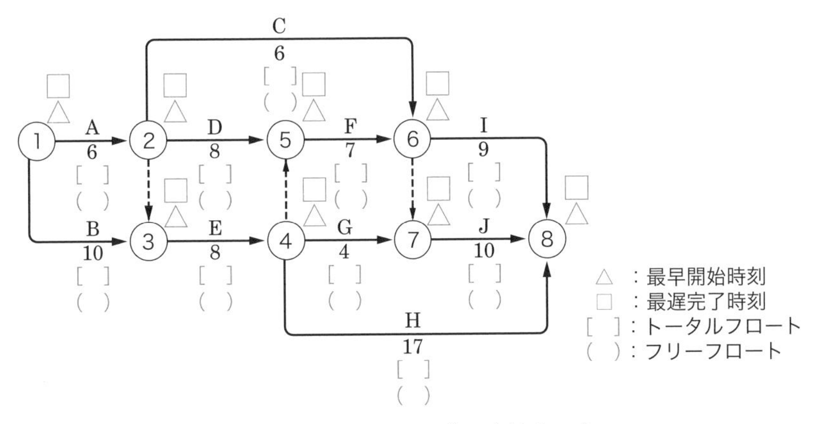

最早開始時刻（EST）

結合点	EST 計算	EST
①		0
②	0＋6＝6	6
③	0＋10＝10 6＋0＝6 } 10＞6	10
④	10＋8＝18	18
⑤	6＋8＝14 18＋0＝18 } 18＞14	18
⑥	6＋6＝12 18＋7＝25 } 25＞12	25
⑦	18＋4＝22 25＋0＝25 } 25＞22	25
⑧	18＋17＝35 25＋9＝34 25＋10＝35 } 最大 35	35

最遅終了時刻（LET）

結合点	LFT 計算	LFT
⑧		35
⑦	35－10＝25	25
⑥	35－9＝26 25－0＝25 } 26＞25	25
⑤	25－7＝18	18
④	25－4＝21 35－17＝18 18－0＝18 } 21＞18	18
③	18－8＝10	10
②	10－0＝10 25－6＝19 18－8＝10 } 19＞10	10

【全余裕（トータルフロート）（TF）】

・その作業内でとれる最大余裕時間をいう。

TF＝(矢線の頭のLFT)－{(矢線の尾のEST)＋(矢線作業の所要日数)}

・TF ＝ 0の作業をクリティカル作業という。

・TFはフリーフロート（FF）とディペンデントフロート（DF)との和である。

【クリティカルパス】

・すべての経路のうちで最も長い日数を要する経路をクリティカルパスという。すなわち、この経路の所要日数が工期である。

・クリティカルパス上の作業のフロート（TF、FF、DF）は0である。

・クリティカルパス上の作業は重点管理作業である。

・クリティカルパスは、場合によっては2本以上生じることがある。

・クリティカルパス以外の作業でも、フロートを消化してしまうとクリティカルパスになる。

・ネットワークでは、クリティカルパスを通常太線で示す。

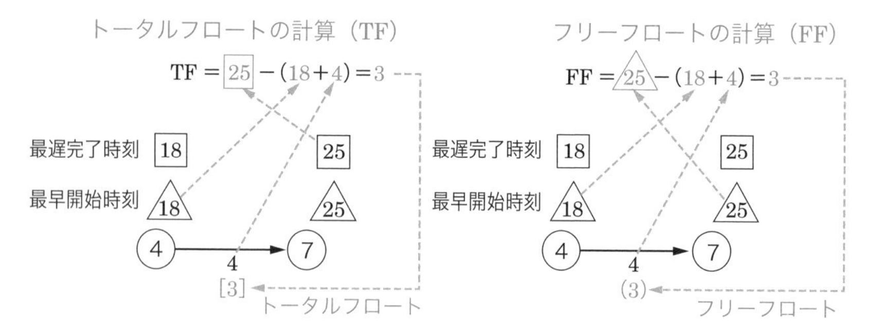

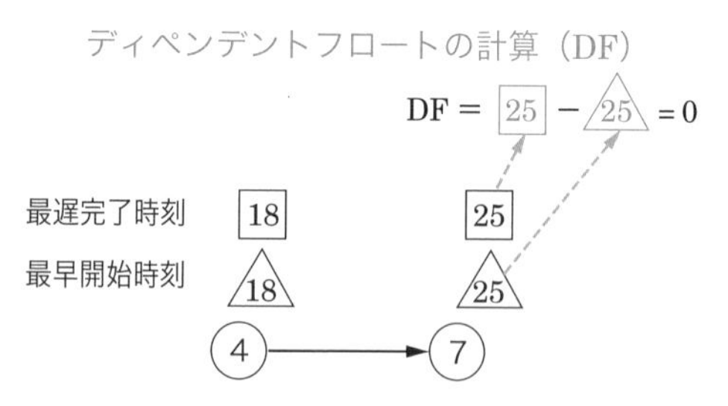

次に示すネットワーク工程表を用いて、各アクティビティ（作業）の**最早開始時刻**、**最遅完了時刻**、**トータルフロート**、**フリーフロート**を求め、**クリティカルパス**を太線で表示する。△内に最早開始時刻、□内に最遅完了時刻、[ ] 内にトータルフロート、（　）内にフリーフロートを記入する。

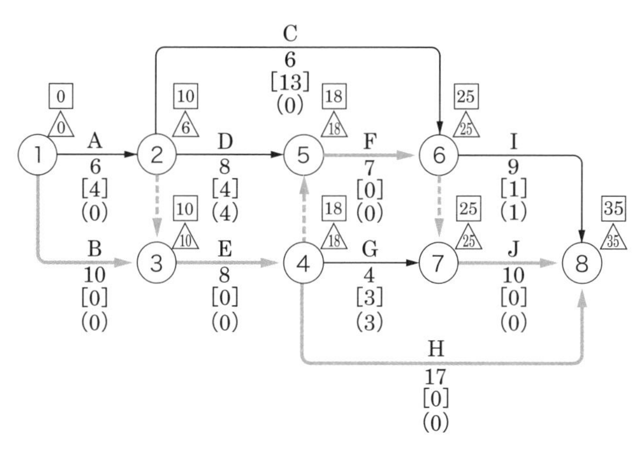

作業	TF 計算式	TF
A	10－(0＋6)＝4	4
B	10－(0＋10)＝0	0
C	25－(6＋6)＝13	13
D	18－(6＋8)＝4	4
E	18－(10＋8)＝0	0
F	25－(18＋7)＝0	0
G	25－(18＋4)＝3	3
H	35－(18＋17)＝0	0
I	35－(25＋9)＝1	1
J	35－(25＋10)＝0	0

作業	FF 計算式	FF
A	6－(0＋6)＝0	0
B	10－(0＋10)＝0	0
C	25－(6＋6)＝13	13
D	18－(6＋8)＝4	4
E	18－(10＋8)＝0	0
F	25－(18＋7)＝0	0
G	25－(18＋4)＝3	3
H	35－(18＋17)＝0	0
I	35－(25＋9)＝1	1
J	35－(25＋10)＝0	0

クリティカルパス（TF＝0 の経路）

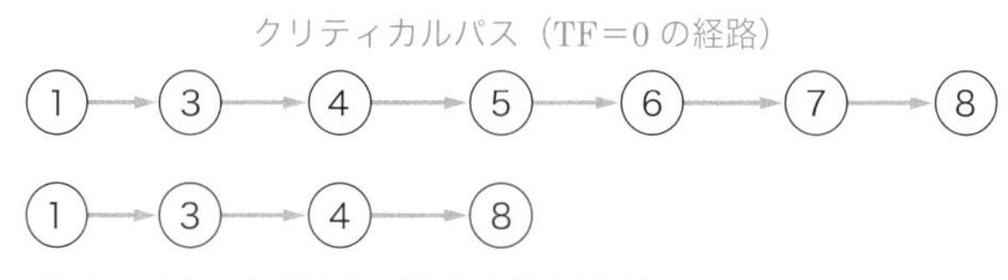

の 2 つのルートがある（色の太線で示す）

2. ネットワークを利用した最少増加費用の計算、日程短縮、山積山崩などの求め方

次のネットワーク工程表を用いて、所要工期（計算工期）を求め、その工期を最も短縮に必要な費用が安くなる方法で、3 日間工程短縮する。そのときのエキストラコスト（最小余分出費）を求める。当初のネットワーク工程表の所要工期と、クリティカルパスを太線で表示し、工程を 3 日間短縮したときのエキストラコストを求める。

当初のネットワーク工程表

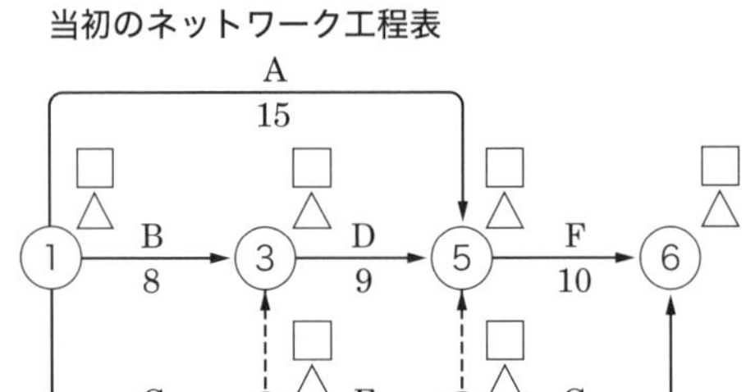

工程を短縮するときの条件

作業名	所要日数	短縮可能日数	短縮費用（円 / 日）
A	15 日	3 日	3 万円
B	8 日	2 日	4 万円
C	5 日	1 日	5 万円
D	9 日	1 日	3 万円
E	12 日	2 日	2 万円
F	10 日	2 日	1 万円
G	8 日	3 日	2 万円

当初のネットワーク工程表の EST、LFT、所要工期を求める。同時にクリティカルパスを太線で表示する。

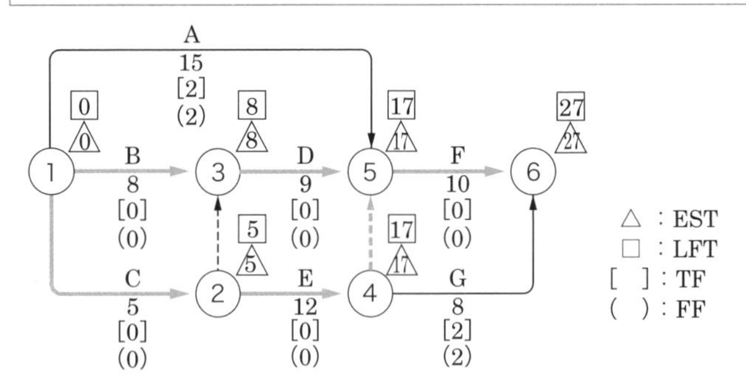

所要工期は 27 日である。
クリティカルパスは①→③→⑤→⑥
①→②→④→⑤→⑥の 2 つのルートがある。

計算工期の最終イベントのLFT（最遅完了時刻）を指定工期（3 日間短縮した工期、27－3＝24 日）に 置き換え、それぞれの LFT を計算する。その LFT の数値から、TF、FF の算出を行い、TF≧0 の経路を消去して表示してみる。

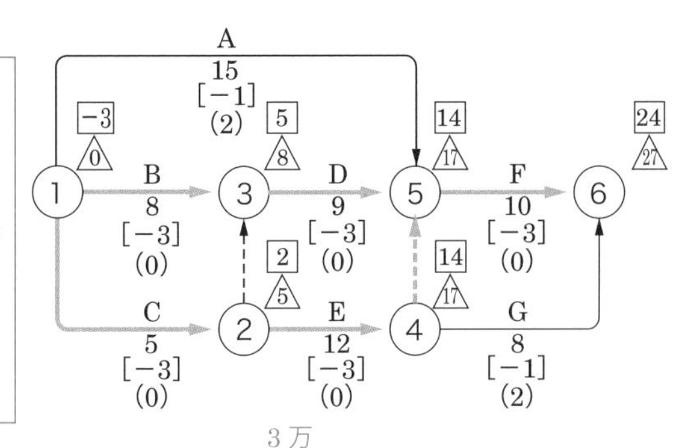

右のネットワークから、短縮可能日数を 1 日短縮に必要な費用を見ながら、1 つひとつの条件ごとに、日程短縮してそれぞれの短縮費用を算出する。

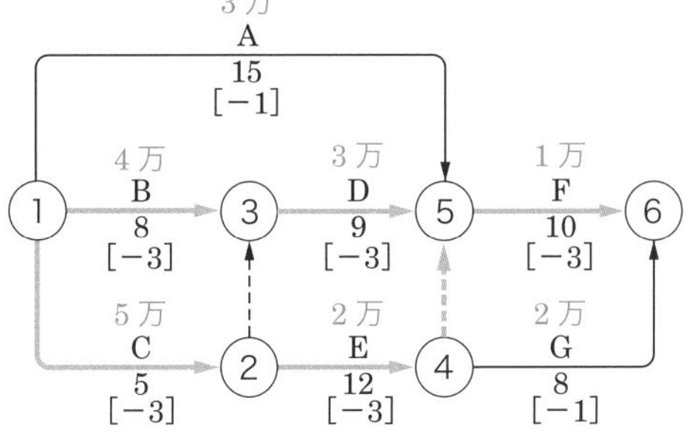

ケース 1

B を 1 日短縮	1 日 ×4 万円	12 万円
D を 1 日短縮	1 日 ×3 万円	
F を 1 日短縮	1 日 ×1 万円	
E を 2 日短縮	2 日 ×2 万円	

ケース 2

B を 2 日短縮	2 日 ×4 万円	16 万円
F を 1 日短縮	1 日 ×1 万円	
E を 1 日短縮	1 日 ×2 万円	
C を 1 日短縮	1 日 ×5 万円	

ケース 3

B を 2 日短縮	2 日 ×4 万円	13 万円
F を 1 日短縮	1 日 ×1 万円	
E を 2 日短縮	2 日 ×2 万円	

ケース 4

D を 1 日短縮	1 日 ×3 万円	7 万円
F を 2 日短縮	2 日 ×1 万円	
E を 1 日短縮	1 日 ×2 万円	

ケース 5

B を 1 日短縮	1 日 ×4 万円	8 万円
F を 2 日短縮	2 日 ×1 万円	
E を 1 日短縮	1 日 ×2 万円	

ケース 6

B を 1 日短縮	1 日 ×4 万円	15 万円
D を 1 日短縮	1 日 ×3 万円	
F を 1 日短縮	1 日 ×1 万円	
C を 1 日短縮	1 日 ×5 万円	
E を 1 日短縮	1 日 ×2 万円	

ケース 7

D を 1 日短縮	1 日 ×3 万円	10 万円
F を 2 日短縮	2 日 ×1 万円	
C を 1 日短縮	1 日 ×5 万円	

ケース 8

B を 1 日短縮	1 日 ×4 万円	11 万円
F を 2 日短縮	2 日 ×1 万円	
C を 1 日短縮	1 日 ×5 万円	

エキストラコストは 7 万円
（最小余分出費）

ネットワークの計算で各作業の最早開始時刻（EST）および最遅完了時刻（LFT）が把握できる。ESTとLFTの間で最も経済的で、かつ、合理的な作業時刻や人数などを決める。これを**配置計画**（**マンパワースケジューリング**）という。

早開始時刻（EST）および最遅完了時刻（LFT）による山積み図の作成

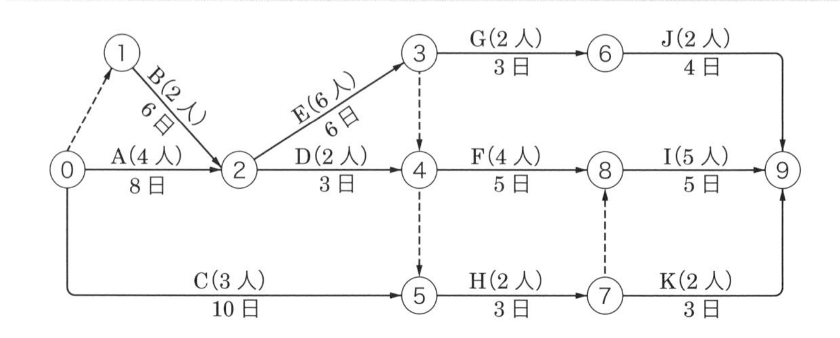

［最早開始時刻（EST）による山積み図］

・**最早開始時刻（EST）の計算**

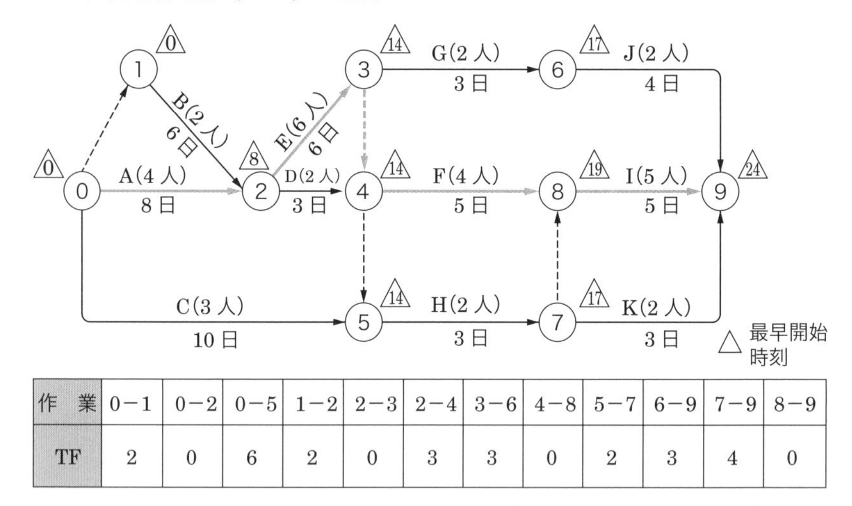

作　業	0−1	0−2	0−5	1−2	2−3	2−4	3−6	4−8	5−7	6−9	7−9	8−9
TF	2	0	6	2	0	3	3	0	2	3	4	0

クリティカルパス　A→E→F→I（⓪→②→③→④→⑧→⑨）

・各作業の開始を最早開始時刻（EST）に合わせた作業日を暦日目盛に実線で表示し、余裕日数はその後に点線で示す。

・各作業の開始、完了の時点に縦線を入れ、縦線間の各作業の使用人員を集計する。

・山積みの底辺にはクリティカルパス上の作業をおき、斜線で表示し、動かせないことを表す。その上に上記のタイムスケールに合わせて山積み図を作成する。

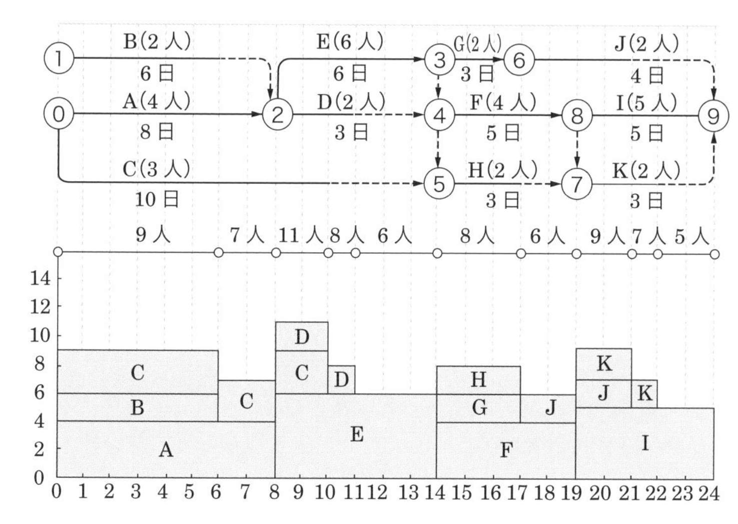

【最遅完了時刻（LFT）による山積み図】

・**最遅完了時刻（LFT）の計算**

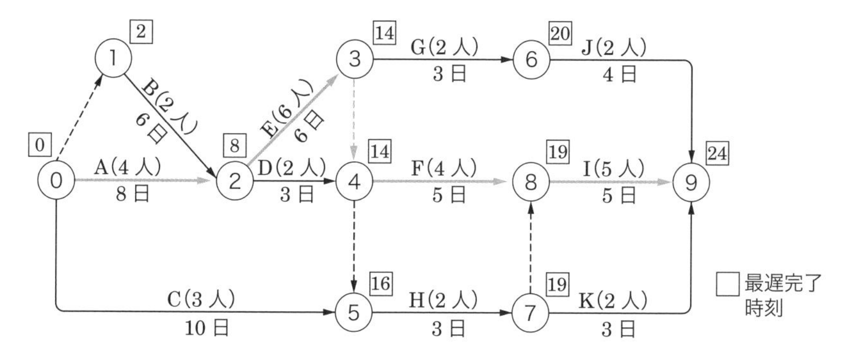

・各作業の開始を最遅開始時刻（最遅終了時刻－作業日数）に合わせた作業日を暦日目盛に実線で表示し、余裕日数はその前に点線で示す。

・最早開始時刻（EST）による山積み図の手順を参考にし、人数の集計をして山積み図をつくる。

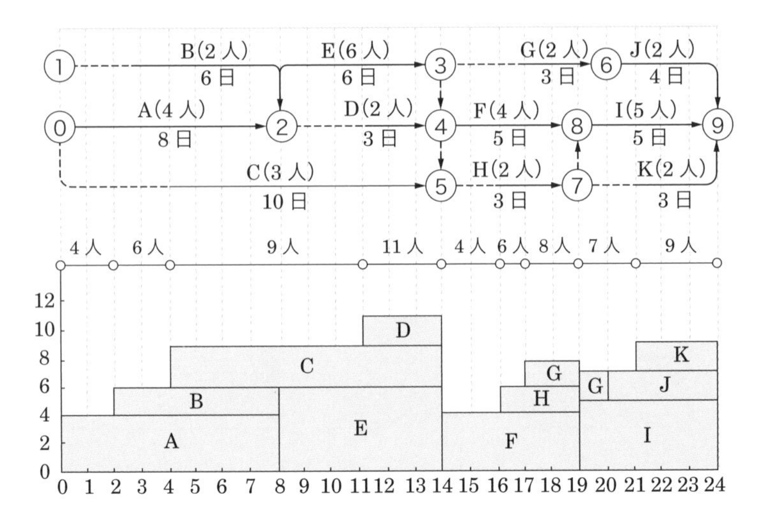

［山崩し］

- 最早開始と最遅開始の山積み図を作成する。
- 各作業のTFを計算する。
- クリティカルパス上の作業を底辺に配置する。
- クリティカルパス以外の作業は、TFの小さい順に始め、TFが同じ場合は、作業時間の短いほうから開始する。
- 工期全体に渡って調整を繰り返し、労務者の平均化を図る。平均化した山積み図を示す。最早開始時刻（EST）と最遅完了時刻（LFT）との長さの中で調整して書き込む。このネットワークでは、作業D、作業G、作業H、作業J、作業Kで調整した結果、最大人数が9人で収まる。

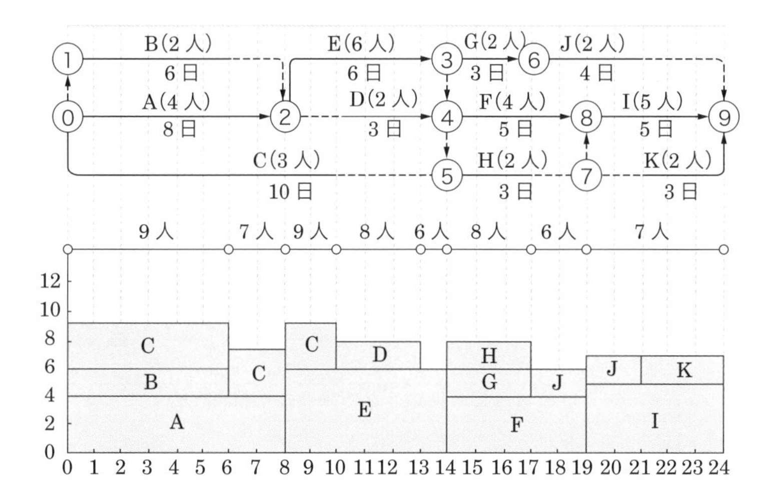

途中階（3階仮定）の躯体工事工程と内装工事工程（作業内容）

作業名は、A工区においてはA1、A2、A3と、B工区においてはB1、B2、B3と設定する。同じ工事内容をA1、B1で表し、順番に符号をつけ、作業内容を記し、これにより作業内容表ができる。担当する作業班や、所要日数が整理される。

［躯体工事の手順と作業内容（一般事例）］

作業名（A工区・B工区／工区別）	作業内容	担当する作業班	所要日数
作業A1・B1…	3階墨出し	墨出し作業班	
作業A2・B2…	柱の配筋	鉄筋作業班	
作業A3・B3…	柱型枠の組立て	型枠作業班	
作業A4・B4…	壁片側型枠の組立て	型枠作業班	
作業A5・B5…	壁の配筋	鉄筋作業班	
作業A6・B6…	壁返し型枠の組立て	型枠作業班	
作業A7・B7…	梁型枠の組立て（梁下支保工を含む）	型枠作業班	
作業A8・B8…	フラットデッキプレートの敷設	型枠作業班	
作業A9・B9…	梁の配筋	鉄筋作業班	
作業A10・B10…	床の配筋（設備スリーブ、配管などを含む）	鉄筋作業班	

作業 A11・B11…	設備スリーブ、配管、配線（柱、梁、壁）	設備作業班	
作業 A12・B12…	清掃および打込み準備	政争準備作業班	
作業 A13・B13…	コンクリート打込み	打込み作業班	

［内装工事の手順と作業内容（一般事例）］

作業名（A 工区・B 工区 / 工区別）	作業内容
作業 A1・B1…	３階墨出し
作業 A2・B2…	壁軽量鉄骨下地組立て（建具枠取付けを含む）
作業 A3・B3…	壁せっこうボード張り
作業 A4・B4…	システム天井組立て（吸音板を含む）
作業 A5・B5…	壁クロス張り
作業 A6・B6…	フリーアクセスフロア敷設
作業 A7・B7…	タイルカーペット敷設
作業 A8・B8…	ソフト幅木取付け
作業 C…	建具の吊込み（A 工区および B 工区）

3-2 施工管理法の演習問題

1 バーチャート工程表

ランク★★★

演習問題 1　市街地での事務所ビルの建設工事における次に示す工程表に関し、次の問いに答えなさい。なお、**解答の旬日は、初旬、中旬、下旬**で記述しなさい。

〔工事概要〕

構造・規模：鉄骨造5階建、地下鉄筋コンクリート造1階、延べ面積3,000 m^{2}とし、地業は、アースドリル杭とする。

山　留　め：山留め壁は、親杭横矢板工法で外部型枠兼用とし、親杭は引き抜かないものとする。支保工は、水平切梁工法とする。

乗 入 構 台：解体は建逃げ方式（屏風立て）による鉄骨建て方と平行して行うものとする。

外壁仕上げ：金属パネル張りとし、アルミニウム製横連窓建具とする。

屋 上 防 水：アスファルト防水のうえ、保護コンクリート仕上げとする。

1. 表中のAおよびBに該当する作業名をあげなさい。
2. 作業の**開始日が工程上最も不適当な作業名**を表中より選び、適当な工程となるように、その開始日を月次と旬日で定めなさい。
3. 内装工事の床仕上げ張り（主にビニル床シート張り）作業の工程は未記入となっている。適当な工程となるように、床仕上げ張り作業の**開始日**および**終了日**の期日を月次と旬日で定めなさい。

［工程表］

工種＼月	1	2	3	4	5	6	7	8	9	10	11	12
	着工▽			地下躯体完了▽			躯体完了▽			受電▽		竣工▽
仮設工事	準備	乗入構台架け			乗入構台解体	ロングスパンエレベーター	外部足場			片付け・清掃		
土工事	山留め親杭等打ち 1次根切り	切梁架け A	切梁払し									
地業工事	アースドリル杭	杭頭処理										
鉄筋・型枠・コンクリート工事		捨コンクリート 基礎耐圧盤	B1F床 B1F立上がり			2F床 4F 3F 5F	RF床 搭屋・パラペット	防水保護コンクリート				
鉄骨工事			アンカーボルト		鉄骨建方（歪み直し共） デッキプレート敷き B	耐火被覆 外壁下地鉄骨組み						
防水工事							屋上アスファルト防水 外壁シーリング					
金属製建具工事						外部建具・ガラス取付		内部建具取付け				
金属工事						外壁金属パネル取付け	天井・壁軽量鉄骨下地組					
内装工事								壁ボード張り 天井ボード張り				
塗装工事									内部塗装仕上げ			
外構工事									舗装・植栽			
エレベーター工事								据付工事	仮設使用			
設備工事					電気・給排水衛生・空調・他							
検査						中間検査	消防中間検査		ELV労基署検査		完了検査	

解答例

設問	解答例	
1	Aに該当する作業名：2次根切りおよび床付け	Bに該当する作業名：本締め
2	最も不適当な作業名：外壁金属パネル取付け	開始日：7月中旬
3	開始日：9月中旬	終了日：10月中旬

演習問題 2　市街地での事務所ビルの建設工事における次に示す工程表に関し、次の問いに答えなさい。なお、**解答の旬日は、初旬、中旬、下旬**で記述しなさい。

〔工事概要〕

構造・規模：鉄筋コンクリート造地下1階、地上5階建、延べ面積 2,500 m^2 とする。

山　留　め：山留め壁は親杭横矢板工法で外部型枠兼用（片面型枠）とし、親杭は引き抜かない。支保工は水平切梁工法とする。

外壁仕上げ：正面1階は石張りとし、その他は小口タイル張りとする。

［工程表］

工種＼月	1	2	3	4	5	6	7	8	9	10	11	12
	着工▽				地下躯体完了▽			躯体完了▽			受電▽	竣工▽
仮設工事	準備	乗入構台架け			A 外部足場						清掃	
杭工事	アースドリル杭	杭頭処理										
土工事	山留H鋼打ち	切梁架け 1次根切	砕石敷き 2次根切・床付け	切梁払し								
鉄筋・型枠・コンクリート工事			基礎・地中梁・B1F床 捨コンクリート	B1F立上り	1F	2F 3F	4F 5F	PH・パラペット		防水保護コンクリート		
防水工事							外壁シーリング		屋上アスファルト防水 B			
石工事										1F外壁石張り		
左官工事								外壁タイル下地モルタル塗				
タイル工事												
金属製建具工事							外部アルミサッシ取付け		内部建具取付け			
金属工事									天井・壁軽量鉄骨下地組	アルミ笠木取付け		
内装工事									天井ボード張り 壁ボード張り		床仕上げ張り	
塗装工事										内部塗装仕上げ		
外構工事											舗装・植栽	
エレベーター工事									据付工事			
設備工事			電気・給排水衛生・空調・他									
検　査					中間検査				消防中間検査		社内検査	完了検査

1. 表中のAおよびBに該当する作業名をあげなさい。

2. 作業の**終了日が工程上最も不適当**な作業名を表の中から選び、適当な工程となるように、その**終了日**を月次と旬日で定めなさい。ただし、その作業の期間は正しいものとする。

3. 外装仕上げのタイル張り作業の工程は未記入となっている。適当な工程となるように、タイル張り作業の**開始日**および**終了日**の期日を月次と旬日で定めなさい。

解答例

設問	解答例	
1	A に該当する作業名：乗入れ構台解体	B に該当する作業名：伸縮調整取付け
2	最も不適当な作業名：杭頭処理 （＊根切り工事が終了していない）	終了日：3月上旬
3	開始日：8月中旬	終了日：9月中旬

演習問題 3 市街地での事務所ビルの建設工事における次に示す工程表に関し、次の問いに答えなさい。なお、**解答の旬日は、初旬、中旬、下旬**で記述しなさい。

〔工事概要〕

構造・規模：鉄筋コンクリート造地下 1 階、地上 5 階建、延べ面積 3,000 m^2 とする。

山　留　め：山留め壁は、親杭横矢板工法で外部型枠兼用（片面型枠となる）とし、親杭は引き抜かないものとする。支保工は、水平切梁工法とする。

外壁仕上げ：外壁は、全面小口タイル張りとし、外部建具は、アルミニウム製横連窓とする。

1. 表中の A および B に該当する作業名をあげなさい。
2. 作業の**終了日が工程上最も不適当な作業名**を表の中より選び、適当な工程となるように、その終了日を旬日で定めなさい。ただし、その作業の期間は正しいものとする。
3. 金属製建具工事の外部建具取付け作業の工程は未記入となっている。適当な工程となるように、外部建具取付け作業の**開始日**および**終了日**の期日を旬日で定めなさい。

[工程表]

工種 ＼ 月	1	2	3	4	5	6	7	8	9	10	11	12
	着工 ▽			地下躯体完了 ▽				躯体完了 ▽		受電 ▽		竣工 ▽
仮設工事	準備	乗入構台架け		乗入構台解体	外部足場					片付け・清掃		
杭工事	アースドリル杭	杭頭処理										
土工事	山留親杭	1次根切 切梁架け 2次根切	A									
鉄筋・型枠・コンクリート工事			耐圧盤 基礎・B1Fスラブ	B1F立上り	1F	2F 3F	4F 5F	搭屋・パラペット				
防水工事							外壁シーリング		B			
左官工事							外壁タイル下地					
タイル工事								外壁タイル張り				
金属製建具工事								内部建具取付				
金属工事							天井・壁軽量鉄骨下地組					
内装工事								天井ボード張り 壁ボード張り 床仕上げ張り				
塗装工事									内部塗装仕上げ			
外構工事										舗装・植栽		
エレベーター工事								据付工事		仮設使用		
設備工事			電気・給排水衛生・空調・他									
検　査					中間検査			消防中間検査		ELV労基署検査	完了検査	

解答例

設問	解答例	
1	Aに該当する作業名：切梁解体	Bに該当する作業名：屋上防水
2	最も不適当な作業名：床仕上げ張り	終了日：11月中旬
3	開始日：7月上旬	終了日：7月下旬

演習問題 4 事務所ビルの建設工事における次の工程表に関し、次の問いに答えなさい。なお、仕上工事は 5 階立上りコンクリート打設後に着手するものとし、**解答の旬日は、初旬、中旬、下旬**で記述しなさい。

〔工事概要〕

構造・規模：鉄筋コンクリート造地下 1 階、地上 5 階建、延べ面積 2,500 m^2 とする。

外壁仕上げ：外壁は 4 面ともタイル張りとする。

［工程表］

工種＼月	1	2	3	4	5	6	7	8	9	10
	着工▽			中間検査▽						行政検査▽ 竣工▽
仮設工事	準備		外部足場							クリーニング
杭工事	PC 既製杭	杭頭処理								
土工事		根切り・床付け・砕石敷	A 土間砕石地業							
鉄筋・型枠・コンクリート工事		捨コンクリート 基礎・地中梁・ピット	1F 土間 1F 立上り	2F 3F	4F 5F	PH・パラペット	防水保護コンクリート			
防水工事（外部）						外部まわりシール	屋上アスファルト防水 B			
左官工事										
タイル工事								外壁タイル張り		
建具工事						外部建具・ガラス取付け	内部建具取付け			
金属工事							壁・天井軽量鉄骨下地組			
内装工事							壁ボード張り	天井ボード張り	床タイルカーペット	
塗装工事								内部塗装仕上げ		
外構工事									舗装・囲障・植栽	
エレベーター工事							据付		仮設使用	
設備工事			電気設備・給排水衛生設備・空調設備							

1. 表中の A および B に該当する作業名をあげなさい。
2. 工程上、**終了日**が工程上**最も不適当な作業名**を表の中より選び、適当な工程となるようにその終了日を旬日で定めなさい。ただし、その作業の期間は正し

いものとする。
3. 左官工事の**外壁タイル下地モルタル塗り**の工程は未記入となっている。適当な工程となるようにその作業の**開始日**および**終了日**の期日を旬日で定めなさい。

解答例

設問	解答例	
1	A に該当する作業名：埋戻し	B に該当する作業名：伸縮調整目地
2	最も不適当な作業名：外部まわりシーリング	終了日：9月上旬
3	開始日：7月上旬	終了日：8月上旬

演習問題 5　市街地での事務所ビルの建設工事における次に示す工程表に関し、次の問いに答えなさい。なお、**解答の旬日は、初旬、中旬、下旬**とする。

〔工事概要〕
構造・規模：鉄骨造一部鉄筋コンクリート造、地下 1 階、地上 6 階塔屋 1 階、延べ面積 3,000 m²、直接基礎とする。
山　留　め：親杭横矢板・水平切梁工法とする。なお、乗入構台は、地下工事及びクレーンにより鉄骨建方の一部に使用するものとする。
外壁仕上げ：タイル打込み PC カーテンウォール（スパンドレル方式）、横連窓アルミサッシとする。

1. 表中の A および B に該当する作業名をあげなさい。
2. 作業の**終了日**が、工程上**最も不適当な作業名**を表中より選び、適当な工程となるようにその終了日を旬日で定めなさい。ただし、その作業の期間は正しいものとする。
3. **PC カーテンウォール取付け**の作業工程は未記入となっている。適当な工程となるように PC カーテンウォール取付作業の**開始日**および**終了日**の期日を旬日で定めなさい。

[工程表]

工種＼月	1	2	3	4	5	6	7	8	9	10	11	12
	着工▽				地下躯体完了▽		躯体完了▽			受電▽		竣工▽
仮設工事	準備	A			乗入構台解体	揚重設備				片付け・清掃		
土工事	山留H鋼打ち 1次根切	切梁架 2次根切	切梁払し		H鋼引抜き 埋戻し							
地業工事		捨コンクリート										
鉄筋・型枠工事 コンクリート工事		基礎耐圧盤	B1F床	B1F立上がり		2F床 3F 4F 5F	6F RF 搭屋					
鉄骨工事				アンカーボルト埋込み	鉄骨建方 本締め	デッキプレート敷き 耐火被覆						
防水工事					地下外壁外防水		B	屋上アスファルト防水				
PCカーテンウォール工事												
金属製建具工事							外部建具・ガラス取付け	内部建具取付け				
金属工事							天井・壁軽量鉄骨下地組					
内装工事								壁ボード張り 天井ボード張り		床仕上げ張り		
塗装工事									内部塗装仕上げ			
外構工事										舗装・植栽		
エレベーター工事								据付工事	仮設使用			
設備工事		アース板埋設	電気・給排水衛生・空調・他									
検査						中間検査	消防中間検査		ELV労基署検査		社内検査	完了検査

解答例

設問	解答例	
1	Aに該当する作業名：乗入れ構台組立て	Bに該当する作業名：PCカーテンウォールと横連窓アルミサッシ間シーリング
2	最も不適当な作業名：地下外壁外防水	終了日：5月上旬（＊地下の埋戻しの前に、地下外壁外防水工事が終了していなければならない）
3	開始日：6月中旬	終了日：7月上旬

演習問題 6 市街地での事務所ビルの内装工事において、各階を施工量の異なるA工区とB工区に分けて工事を行うとき、下記の内装仕上げ工事工程表（3階）に関し、次の問いに答えなさい。

工程表は計画時点のもので、検査や設備関係の作業については省略している。

各作業班の作業内容および各作業に必要な作業員数は作業内容表のとおりであり、Aで始まる作業名はA工区の作業を、Bで始まる作業名はB工区の作業を、Cで始まる作業名は両工区同時に行う作業を示すが、作業A4および作業B4については作業内容を記載していない。

各作業班は、それぞれ当該作業のみを行い、各作業内容とも、A工区の作業が完了してからB工区の作業を行うものとする。また、工区内では複数の作業を同時に行わず、各作業は先行する作業が完了してから開始するものとする。なお、各作業は一般的な手順に従って施工されるものとする。

〔工事概要〕

用　　途：事務所

構造・規模：鉄筋コンクリート造、地上6階、塔屋1階、延べ面積2,800 m^2

仕　上　げ：床はフリーアクセスフロア下地、タイルカーペット仕上げ

間仕切り壁は軽量鉄骨構造下地せっこうボード張り、ビニルクロス仕上げ

天井はシステム天井下地、ロックウール化粧吸音板取付け

なお、3階の仕上げ工事部分床面積は455 m^2（A工区：273 m^2、B工区：182 m^2）である。

1. 作業A4およびB4の作業内容を記述しなさい。
2. 作業B2のフリーフロートを記入しなさい。
3. ㊎から㊞までの総所要日数と、工事を令和3年2月8日（月曜日）より開始するときの工事完了日を記入しなさい。

ただし、作業休止日は、土曜日、日曜日および祝日とする。なお、2月8日以降3月末までの祝日は、建国記念の日（2月11日）、天皇誕生日（2月23日）、春分の日（3月20日）である。

4. 次の記述の[　　　]に当てはまる数値をそれぞれ記入しなさい。

総所要日数を変えずに、作業 B2 および作業 B4 の 1 日あたりの作業員の人数をできるだけ少なくする場合、作業 B2 の人数は[(a)]人に、作業 B4 の人数は[(b)]人となる。ただし、各作業に必要な作業員の総人数は変わらないものとする。

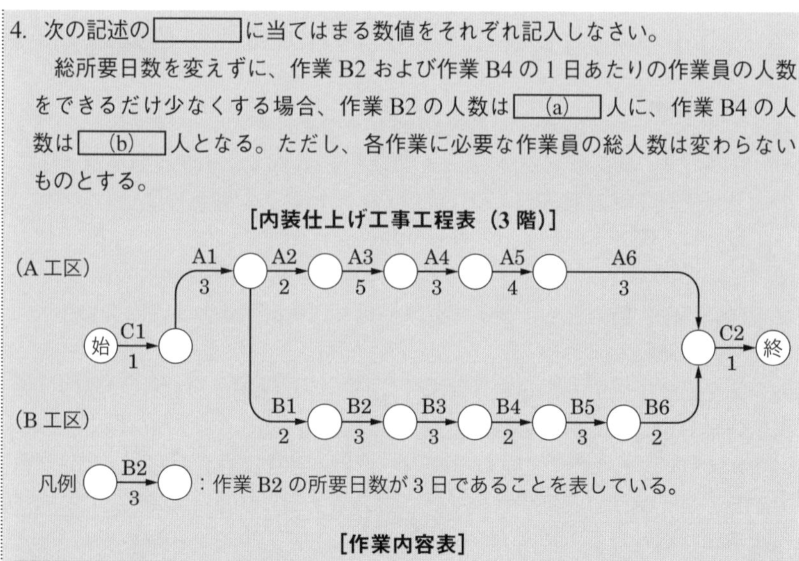

[作業内容表]

作業名	各作業班の作業内容*	1 日あたりの作業員数
C1	3 階墨出し	2 人
A1、B1	壁軽量鉄骨下地組立て（建具枠取付を含む）	4 人
A2、B2	壁せっこうボード張り（A 工区：1 枚張り、B 工区：2 枚張り）	5 人
A3、B3	システム天井組立て（ロックウール化粧吸音板取付けを含む）	3 人
A4、B4	[　　　　　]	4 人
A5、B5	フリーアクセスフロア敷設	3 人
A6、B6	タイルカーペット敷設、幅木張付け	3 人
C2	建具扉の吊込み	2 人

*各作業内容には、仮設、運搬を含む。

解説 **1.** A4、B4 の作業内容は、内装仕上げ工事の一般的施工手順から、壁→床→天井であり、壁ビニルクロス張りの作業となる。

2.

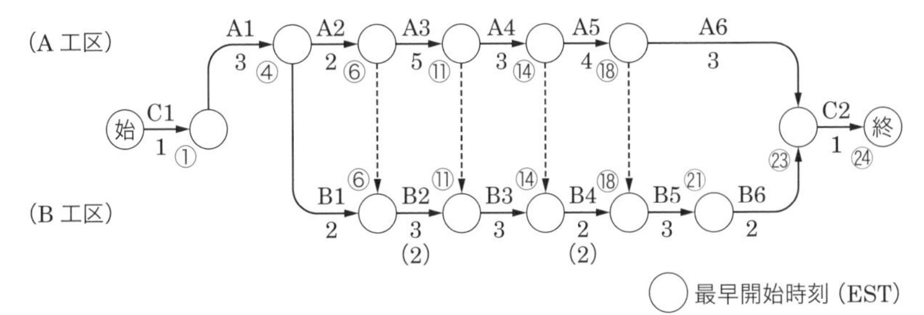

● **計画工程（ネットワーク工程表）**

① ダミーを追記する。(破線矢印)

② ベントの最早開始時刻を記入する。(EST)

③ 作業 B2 のフリーフロート（FF）＝「当該工事終了時の EST」—「同工事開始時の EST」—「同工事所要日数」

(FF)＝11－6－3 ＝ 2 作業 B2 のフリーフロートは 2 日となる。

3.

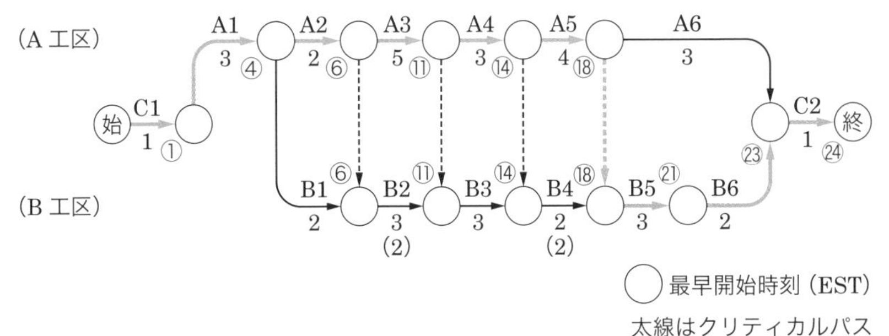

● **最早開始時間とクリティカルパスを記入したネットワーク工程表（当初工程）**

① 総所要日数は、上記の ETS 計算により、24 日と算出されている。

② 本年度の設問月の暦を作成する（土、日、祝日を記載して)。

2 月閏年に注意(2021 年は 28 日、次の閏年は、2024 年で 4 年ごとである)。

2	SUN	MON	TUE	WED	THU	FRI	SAT
		1	2	3	4	5	6
	7	8	9	10	11	12	13
	14	15	16	17	18	19	20
	21	22	23	24	25	26	27
	28						

3	SUN	MON	TUE	WED	THU	FRI	SAT
		1	2	3	4	5	6
	7	8	9	10	11	12	13
	14	15	16	17	18	19	20
	21	22	23	24	25	26	27
	28	29	30	31			

● **2021 年 2 月、3 月の暦**

③　作業可能日 24 日を暦に落とし、工事完了日を決定する。

2 月 8 日より数えていくと、3 月 15 日（月曜日）が工事完了日となる。

4.

①　クリティカルパスの確認

C1 → A1 → A2 → A3 → A4 → A5 → B5 → B6 → C2

②　フリーフロート（FF）のチェック（総所要日数が変えられない前提である）。

後続の作業開始に影響を与えないフリーフロートを用いる。

(a) B2 の FF は、2 日である。(11 − 6 − 3 = 2)

B2 の最小作業員数 = 必要な作業量 (5 人 × 3 日) / 必要日数 + FF (3 日 + 2 日)

= **3 人**

(b) B4 の FF は、2 日である。(18 − 14 − 2 = 2)

B4 の最小作業員数 = 必要な作業量 (4 人 × 2 日) / 必要日数 + FF (2 日 + 2 日)

= **2 人**

解答

設問	解　答
1	壁ビニルクロス張り
2	2 日
3	総所要日数：24 日 工事完了日：3 月 15 日
4	(a) 3 人 (b) 2 人

演習問題 7 市街地での事務所ビルの建設工事において、各階を施工量の異なるA工区とB工区に分けて工事を行うとき、下記の躯体工事工程表（3階柱、4階床梁部分）に関し、次の問いに答えなさい。

工程表は作成中のもので、検査や設備関係の作業については省略している。

各作業の内容は作業内容表のとおりであり、Aで始まる作業名はA工区の作業を、Bで始まる作業名はB工区の作業を示すが、作業A2および作業B2については作業内容および担当する作業班を記載していない。

なお、各作業班は、各工区ごとに確保できているものとする。

また、各作業は、一般的な手順に従って施工し、各作業班は複数の作業を同時に行わず、先行する作業が完了してから後続の作業を開始するものとする。

〔工事概要〕

用　　途：事務所

構造・規模：鉄筋コンクリート造、地下1回、地上6階、延べ面積3,200 m^2

鉄筋コンクリート製の壁はなく、階段は鉄骨造で別工程により施工する。

外　　壁：ALCパネル

1. 作業A2および作業B2の作業内容を記述しなさい。
2. 作業B7のフリーフロートを記入しなさい。
3. 始から終までの総所要日数と、工事を令和元年10月23日（水曜日）より開始するときの工事完了日を記入しなさい。

   ただし、作業休止日は、土曜日、日曜日、祝日、振替休日のほか、雨天1日とする。なお、10月23日以降年末までの祝日は、文化の日（11月3日）と勤労感謝の日（11月23日）である。
4. 工事着手にあたり、各作業班の手配状況を確認したところ、型枠作業班が1班しか手配できないため、1班で両工区の作業を行うこととなった。

   このときに、次の記述の［　　］に当てはまる語句または数値をそれぞれ記入しなさい。

   工程の見直しにあたって、型枠作業班は同じ工区の作業を続けて行うこととしたため、作業B3は、作業B2の完了後で作業［　(a)　］の完了後でないと開始できないこととなる。このため、作業休止日が同じ場合、工事完了日は当初工程より暦日で［　(b)　］日遅れることになる。

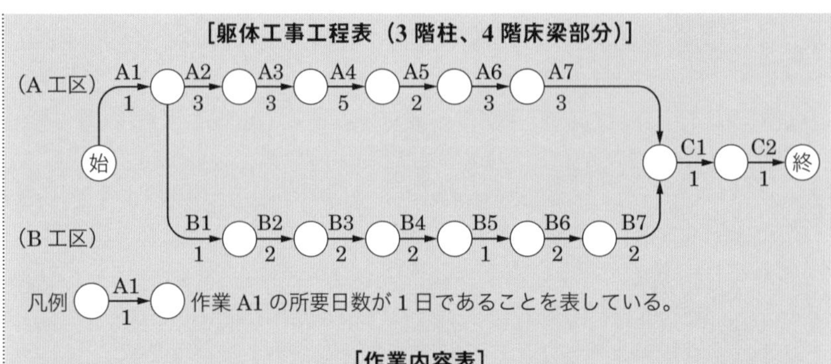

[作業内容表]

作業名	作業内容	担当する作業班
A1、B1	3 階墨出し	墨出し作業班
A2、B2		
A3、B3	柱型枠の組立て	型枠作業班
A4、B4	梁型枠の組立て（梁下支保工を含む）	型枠作業班
A5、B5	フラットデッキの敷設	型枠作業班
A6、B6	梁の配筋	鉄筋作業班
A7、B7	床の配筋	鉄筋作業班
C1	清掃および打込み準備（A 工区および B 工区）	清掃準備作業班
C2	コンクリート打込み（A 工区および B 工区）	打込み作業班

解説

1. 作業 A2 および作業 B2 の作業内容

3 階墨出しの後で、柱型枠の組立て前であるため、柱の配筋の作業となる。

2. 作業 B7 のフリーフロート（FF）

すべてのイベントに最早開始時刻（EST）とクリティカルパスを記入する。

最早開始時刻（EST）
太線はクリティカルパス

● 最早開始時間とクリティカルパスを記入したネットワーク工程表（当初工程）

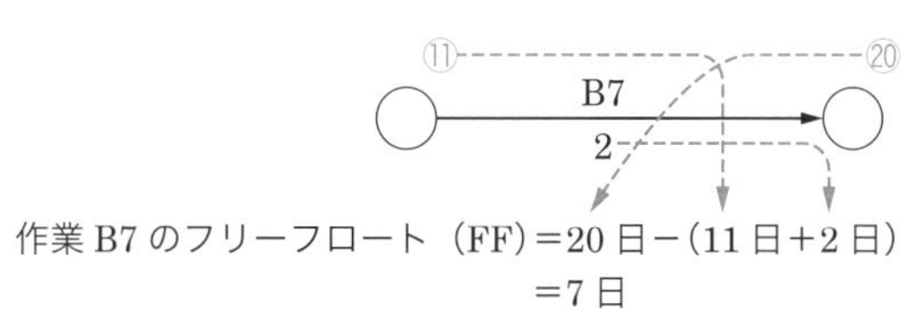

● 作業B7のフリーフロート（FF）の求め方

作業B7の最早開始時刻（EST）が11日目、作業C1の最早開始時刻（EST）が20日目となり、計算すると作業B7のフリーフロート（FF）＝20日－（11日＋2日）＝7日となる。

3. 総所要日数と工事完了日

最終イベントの最早開始時刻（EST）は22日である。令和元年10月23日（水曜日）に工事開始した場合、10月、11月の暦を作成し、土曜日、日曜日、祝日、振替休日、雨天日（1日）を外して計算すると、令和元年11月25日が工事完了日となる。

4. 型枠作業班が1班の場合の工程の見直し

型枠作業班が1班のみでは、A工区に入った型枠作業班は、A3、A4、A5を連続作業したのちに、B工区に移動し、B3、B4、B5の作業を行うこととなる。型枠作業班の作業B3は、作業A5が完了したのちに行うこととなり、B工区の先行作業B2の完了後の作業開始となる。これをネットワーク工程表にダミーを用いて表示する（ダミーは、作業A5の終了地点から作業B3の開始地点へ向けて記入）。

最早開始時刻（EST）の再計算をすると、総所要日数が25日となる。よって、作業休止日が同じ場合、工事完了日は、11月28日となり、3日遅れることになる。

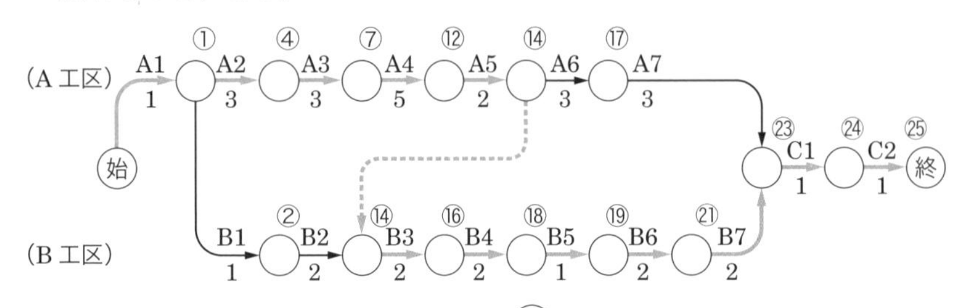

● 工程見直し後のネットワーク工程表

解答

設問	解　答
1	柱の配筋
2	7日
3	総所要日数：22日 工事完了日：11月25日
4	(a) A5 (b) 3日

演習問題 8　図のネットワークで示される工程表について、次の問いに答えなさい。ただし、図において矢線の上段は作業名、下段は所要日数を示す。また、各作業の短縮可能日数、および1日短縮に要する増加費用は下表のとおりである。

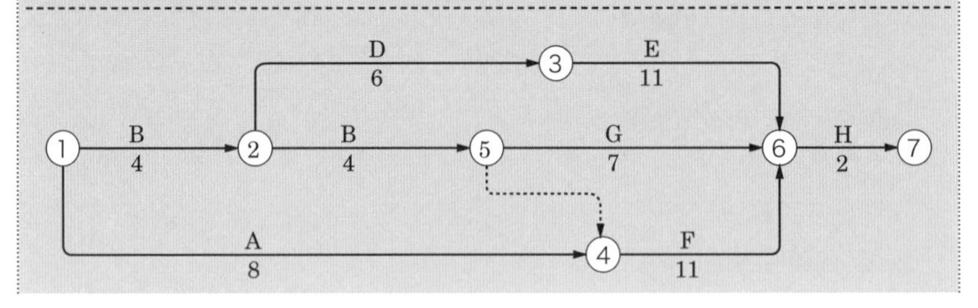

作業名	短縮可能日数(日)	1日短縮に要する増加費用(万円)
A	2	2
B	2	8
C	1	7
D	1	3
E	3	4
F	2	5
G	2	6
H	0	—

1. 作業Hの最早開始時刻（EST）を求めなさい。
2. 作業Gのトータルフロート（TF）を求めなさい。
3. 最小の増加費用で、所要工期を4日間短縮するには、どの作業を何日短縮したらよいか。また、そのときの増加費用がいくらになるかを求めなさい。

解説 **1. 最早開始時刻（EST）と最遅終了時刻（LFT）を求める**

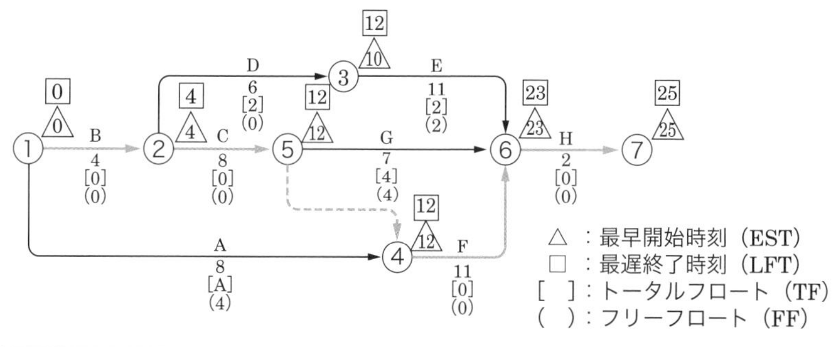

結合点	EST計算	EST
①		0
②	0+4=4	4
③	4+6=10	10
④	0+8=8 4+8=12 } 12>8	12
⑤	4+8=12	12
⑥	12+7=19 12+11=23 10+11=21 } 23>21>19	23
⑦	23+2=25	25

結合点	LFT計算	LFT
⑦		25
⑥	25−2=23	23
⑤	23−7=16 23−11=12 } 16>12	12
④	23−11=12	12
③	23−11=12	12
②	10−6=4 12−8=4 } 4	4
①	4−4=0 12−8=4 } 4>0	0

2. トータルフロート（TF）とフリーフロート（FF）を求める

作　業	TF 計算式	TF
A	12－(0＋8)＝4	4
B	4－(0＋4)＝0	0
C	12－(4＋8)＝0	0
D	12－(4＋6)＝2	2
E	23－(10＋11)＝2	2
F	23－(12＋11)＝0	0
G	23－(12＋7)＝4	4
H	25－(23＋2)＝0	0

作　業	FF 計算式	FF
A	12－(0＋8)＝4	4
B	4－(0＋4)＝0	0
C	12－(4＋8)＝0	0
D	10－(4＋6)＝0	0
E	23－(10＋11)＝2	2
F	23－(12＋11)＝0	0
G	23－(12＋7)＝4	4
H	25－(23＋2)＝0	0

3. クリティカルパスを求める（色矢線で示した工程）

クリティカルパス（B→C→F）で4日、（B→D→E）で2日の短縮を検討する。クリティカルパス上で、最もコストの安いF作業で2日短縮し、残りの2日を考える。

(B→C→F)で4日の短縮

① Fを2日短縮する　5万円×2日＝10万円
　Bを1日短縮する　8万円×1日＝8万円
　Cを1日短縮する　7万円×1日＝7万円
　　　　　　　　　　　　　計25万円

② Fを2日短縮する　5万円×2日＝10万円
　Bを2日短縮する　8万円×2日＝16万円
　　　　　　　　　　　　　計26万円

(B→D→E)で2日間短縮

① Bで2日短縮する　8万円×2日＝16万円
② Bで1日、Dで1日短縮する　8万円×1日＋3万円×1日＝11万円
③ Bで1日、Eで1日短縮する　8万円×1日＋4万円×1日＝12万円

両方を満足させ、最も安いのはB作業を2日、F作業を2日短縮するものである。

作業名	A	B	C	D	E	F	G	計
短縮日数		2				2		4日
金額（万円）		16				10		26万円

解答

設問	解　答
1	作業Hの最早開始時刻（EST）：23日
2	作業Gのトータルフロート（TF）：4日

3	作業の短縮：Bを2日、Fを2日それぞれ短縮する。 増加費用（最小）：26万円

演習問題 9　図のネットワークで示される工事について、次の問いに答えなさい。ただし、矢線の上段は作業名、下段は所要日数、（　）内の数字は1日あたりの作業人員数を示す。

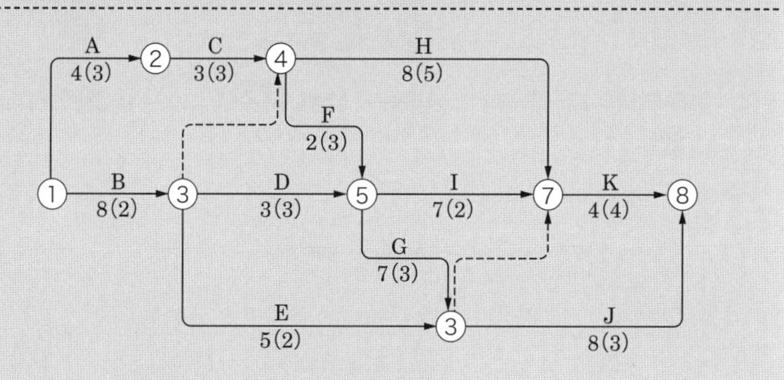

1. 作業Kの最遅終了時刻（LFT）を求めよ。
2. 作業Kの最早開始時刻（EST）を求めよ。
3. 作業Hのフリーフロート（FF）を求めよ。
4. 工期を変えずに③～⑦の作業期間で山崩しを行い、1日あたりの最大作業人員をできるだけ少なくすると、その人数は何人になるか。また、最大作業人員での作業日数は何日になるか。

解説　1.～3.　最早開始時刻（EST）と最遅終了時刻（LFT）を求める

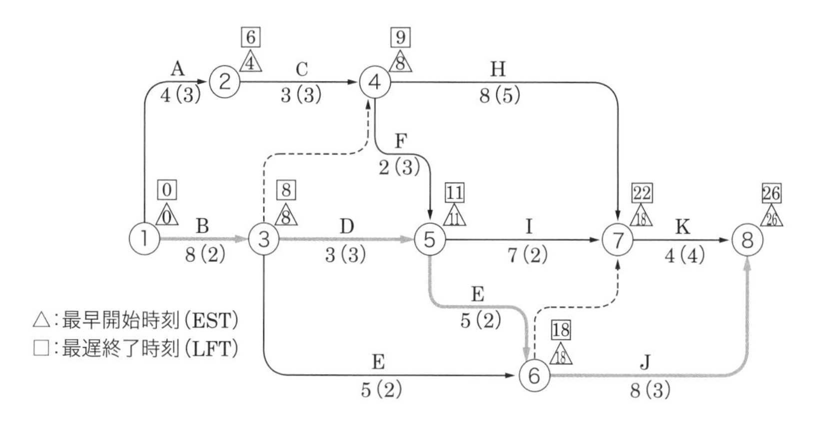

作業フリーフロートは、下記のようにイベント⑦の最早開始時刻(EST)からその作業の所要日数とイベント④の最早開始時刻（EST）を引いたものである.

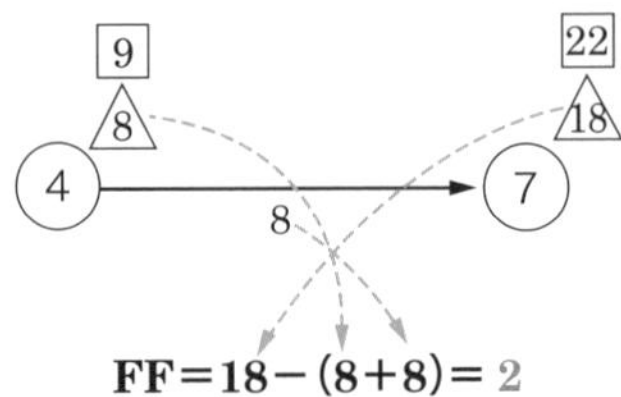

4. 最早開始時刻（EST）と最遅終了時刻（LFT）による山積図を作成し、山崩しを行う

■ 最早開始時刻による山積図

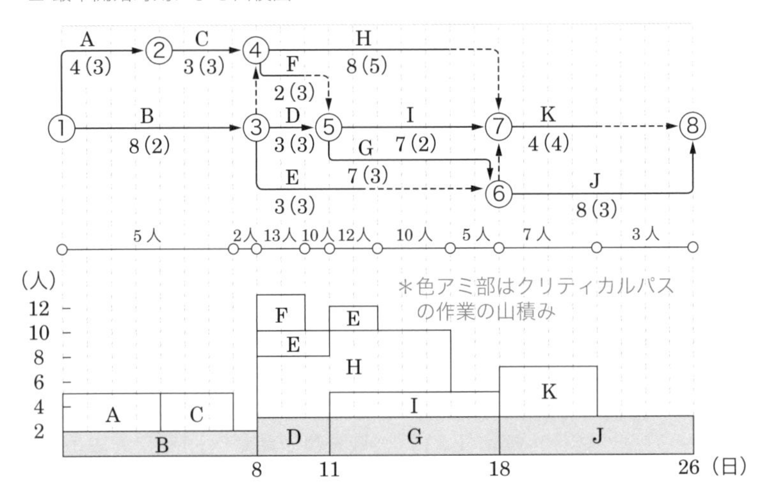

■ 最遅終了時刻による山積図

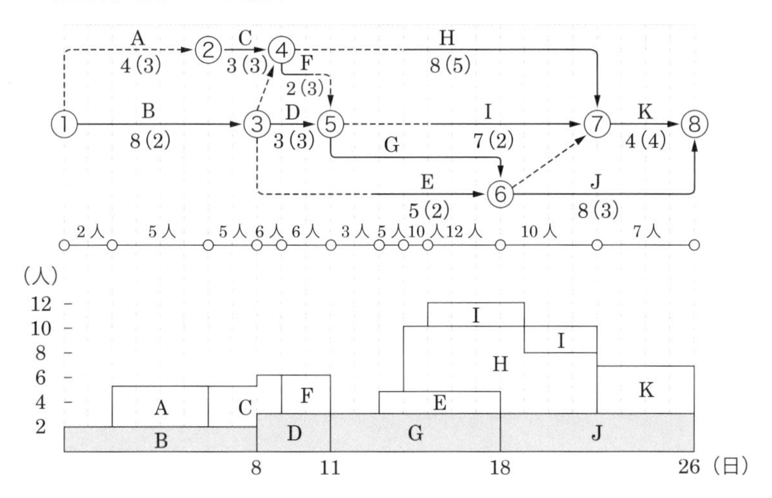

■ 山崩し図

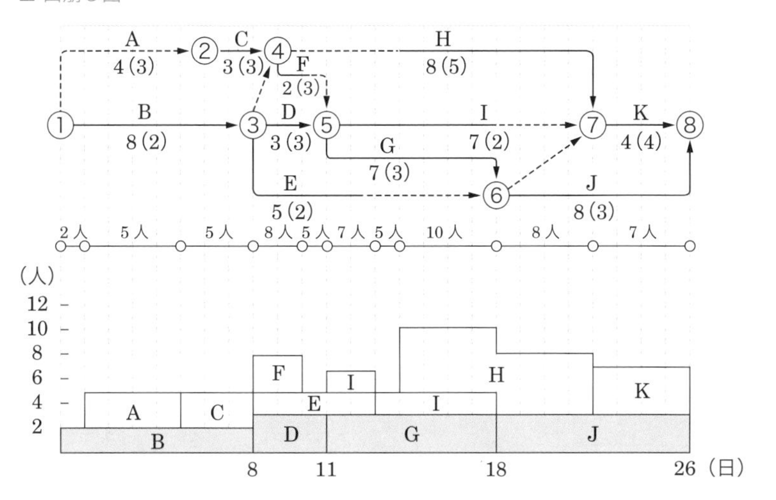

解答

設問	解　答
1	作業Kの最遅終了時刻（LFT）：26日
2	作業Kの最早開始時刻（EST）：18日
3	作業Hのフリーフロート（FF）：2日
4	1日最大作業人員は10人、作業日数は4日となる。

関係法規

建設業法、建築基準法、労働安全衛生法を中心に、各条文から出題される。設問形式のほかに空欄に語句・数値を記入する問題が多く、正確に条文を記憶する必要がある。条文の熟読は大切な試験対策である。

4-1 関係法規の出題内容と解説

1 建設業法

ランク★★★

過去の設問では、建設業法の目的、定義、建設業の許可、建設工事の請負契約、施工技術の確保の条文から出題されている。過去に出題された主な条文を次に記載する。

1. 総則（第1章）

項　目	内　容
目　的	**第1条**　この法律は、建設業を営む者の資質の向上、建設工事の請負契約の適正化等を図ることによって、建設工事の適正な施工を確保し、発注者を保護するとともに、建設業の健全な発達を促進し、もって公共の福祉の増進に寄与することを目的とする。
定　義	**第2条**　この法律において「建設工事」とは、土木建築に関する工事で別表第一の上欄に掲げるものをいう。 2　この法律において「建設業」とは、元請、下請その他いかなる名義をもってするかを問わず、建設工事の完成を請け負う営業をいう。 3　この法律において「建設業者」とは、第3条第1項の許可を受けて建設業を営む者をいう。 4　この法律において「下請契約」とは、建設工事を他の者から請け負った建設業を営む者と他の建設業を営む者との間で当該建設工事の全部又は一部について締結される請負契約をいう。

定　義	5　この法律において「発注者」とは、建設工事（他の者から請け負ったものを除く。）の注文者をいい、「元請負人」とは、下請契約における注文者で建設業者であるものをいい、「下請負人」とは、下請契約における請負人をいう。

2. 建設業の許可（第2章・通則）

項　目	内　容
建設業の許可	第3条　建設業を営もうとする者は、次に掲げる区分により、この章で定めるところにより、2以上の都道府県の区域内に営業所（本店又は支店若しくは政令で定めるこれに準ずるものをいう。以下同じ。）を設けて営業をしようとする場合にあっては国土交通大臣の、1の都道府県の区域内にのみ営業所を設けて営業をしようとする場合にあっては当該営業所の所在地を管轄する都道府県知事の許可を受けなければならない。ただし、政令で定める軽微な建設工事のみを請け負うことを営業とする者は、この限りでない。 一　建設業を営もうとする者であって、次号に掲げる者以外のもの 二　建設業を営もうとする者であって、その営業にあたって、その者が発注者から直接請け負う一件の建設工事につき、その工事の全部又は一部を、下請代金の額（その工事に係る下請契約が2以上あるときは、下請代金の額の総額）が政令で定める金額以上となる下請契約を締結して施工しようとするもの 2　前項の許可は、別表第一の上欄に掲げる建設工事の種類ごとに、それぞれ同表の下欄に掲げる建設業に分けて与えるものとする。 3　第1項の許可は、5年ごとにその更新を受けなければ、その期間の経過によって、その効力を失う。 4　前項の更新の申請があった場合において、同項の期間（以下「許可の有効期間」という。）の満了の日までにその申請に対する処分がされないときは、従前の許可は、許可の有効期間の満了後もその処分がされるまでの間は、なおその効力を有する。
建設業の許可	5　前項の場合において、許可の更新がされたときは、その許可の有効期間は、従前の許可の有効期間の満了の日の翌日から起算するものとする。 6　第1項第一号に掲げる者に係る同項の許可（第3項の許可の更新を含む。以下「一般建設業の許可」という。）を受けた者が、当該許可に係る建設業について、第1項第二号に掲げる者に係る同項の許可（第3項の許可の更新を含む。以下「特定建設業の許可」という。）を受けたときは、その者に対する当該建設業に係る一般建設業の許可は、その効力を失う。
許可の条件	第3条の2　国土交通大臣又は都道府県知事は、前条第1項の許可に条件を付し、及びこれを変更することができる。 2　前項の条件は、建設工事の適正な施工の確保及び発注者の保護を図るため必要な最小限度のものに限り、かつ、当該許可を受ける者に不当な義務を課することとならないものでなければならない。
附帯工事	第4条　建設業者は、許可を受けた建設業に係る建設工事を請け負う場合においては、当該建設工事に附帯する他の建設業に係る建設工事を請け負うことができる。

3. 建設工事の請負契約（第3章）

項　目	内　容
第1節　通　則	
請負契約の原則	第18条　建設工事の請負契約の当事者は、各々の対等な立場における合意に基いて公正な契約を締結し、信義に従って誠実にこれを履行しなければならない。
請負契約の内容	第19条　建設工事の請負契約の当事者は、前条の趣旨に従って、契約の締結に際して次に掲げる事項を書面に記載し、署名又は記名押印をして相互に交付しなければならない。 一　工事内容 二　請負代金の額 三　工事着手の時期及び工事完成の時期 四　請負代金の全部又は一部の前金払又は出来形部分に対する支払の定めをするときは、その支払の時期及び方法 五　当事者の一方から設計変更又は工事着手の延期若しくは工事の全部若しくは一部の中止の申出があった場合における工期の変更、請負代金の額の変更又は損害の負担及びそれらの額の算定方法に関する定め 六　天災その他不可抗力による工期の変更又は損害の負担及びその額の算定方法に関する定め 七　価格等（物価統制令（昭和21年勅令第118号）第2条に規定する価格等をいう。）の変動若しくは変更に基づく請負代金の額又は工事内容の変更 八　工事の施工により第三者が損害を受けた場合における賠償金の負担に関する定め 九　注文者が工事に使用する資材を提供し、又は建設機械その他の機械を貸与するときは、その内容及び方法に関する定め 十　注文者が工事の全部又は一部の完成を確認するための検査の時期及び方法並びに引渡しの時期 十一　工事完成後における請負代金の支払の時期及び方法 十二　工事の目的物の瑕疵を担保すべき責任又は当該責任の履行に関して講ずべき保証保険契約の締結その他の措置に関する定めをするときは、その内容 十三　各当事者の履行の遅滞その他債務の不履行の場合における遅延利息、違約金その他の損害金 十四　契約に関する紛争の解決方法 2　請負契約の当事者は、請負契約の内容で前項に掲げる事項に該当するものを変更するときは、その変更の内容を書面に記載し、署名又は記名押印をして相互に交付しなければならない。 3　建設工事の請負契約の当事者は、前2項の規定による措置に代えて、政令で定めるところにより、当該契約の相手方の承諾を得て、電子情報処理組織を使用する方法その他の情報通信の技術を利用する方法であって、当該各項の規定による措置に準ずるものとして国土交通省令で定めるものを講ずることができる。この場合において、当該国土交通省令で定める措置を講じた

請負契約の内容	者は、当該各項の規定による措置を講じたものとみなす。
現場代理人の選任等に関する通知	**第19条の2** 請負人は、請負契約の履行に関し工事現場に現場代理人を置く場合においては、当該現場代理人の**権限**に関する事項及び当該現場代理人の行為についての**注文者**の請負人に対する意見の申出の方法（第3項において「現場代理人に関する事項」という。）を、書面により**注文者**に通知しなければならない。 2 注文者は、請負契約の履行に関し工事現場に監督員を置く場合においては、当該監督員の**権限**に関する事項及び当該監督員の行為についての**請負人**の注文者に対する意見の申出の方法（第4項において「監督員に関する事項」という。）を、書面により**請負人**に通知しなければならない。 3 請負人は、第1項の規定による書面による通知に代えて、政令で定めるところにより、同項の注文者の承諾を得て、現場代理人に関する事項を、電子情報処理組織を使用する方法その他の情報通信の技術を利用する方法であって国土交通省令で定めるものにより通知することができる。この場合において、当該請負人は、当該書面による通知をしたものとみなす。 4 注文者は、第2項の規定による書面による通知に代えて、政令で定めるところにより、同項の請負人の承諾を得て、監督員に関する事項を、電子情報処理組織を使用する方法その他の情報通信の技術を利用する方法であって国土交通省令で定めるものにより通知することができる。この場合において、当該注文者は、当該書面による通知をしたものとみなす。
不当に低い請負代金の禁止	**第19条の3** 注文者は、自己の取引上の**地位を不当**に利用して、その注文した建設工事を施工するために通常必要と認められる**原価に満たない金額**を請負代金の額とする請負契約を締結してはならない。
不当な使用資材等の購入強制の禁止	**第19条の4** 注文者は、請負契約の締結後、自己の取引上の**地位を不当**に利用して、その注文した建設工事に使用する資材若しくは機械器具又はこれらの**購入先を指定**し、これらを**請負人に購入**させて、その利益を害してはならない。
建設工事の見積り等	**第20条** 建設業者は、建設工事の請負契約を締結するに際して、**工事内容**に応じ、**工事の種別ごと**に材料費、労務費その他の経費の内訳を明らかにして、建設工事の**見積り**を行うよう努めなければならない。 2 建設業者は、建設工事の**注文者から請求**があったときは、請負契約が成立するまでの間に、建設工事の**見積書を提示**しなければならない。 3 建設工事の注文者は、請負契約の方法が随意契約による場合にあっては契約を締結する以前に、**入札**の方法により競争に付する場合にあっては**入札**を行う以前に、第19条第1項第一号及び第三号から第十四号までに掲げる事項について、できる限り具体的な内容を提示し、かつ、当該提示から当該契約の締結又は**入札**までに、建設業者が当該建設工事の**見積り**をするために必要な政令で定める一定の**期間**を設けなければならない。 **＊建設業法施行令** ＜建設工事の見積期間＞ **第6条** 法第20条第3項に規定する見積期間は、次に掲げるとおりとする。ただし、やむを得ない事情があるときは、第二号及び第三号の期間は、**5日以内**に限り短縮することができる。 一 工事一件の予定価格が**5百万円に満たない工事**については、**1日以上** 二 工事一件の予定価格が**5百万円以上5千万円に満たない工事**については、**10日以上**

II 第4章 関係法規

建設工事の見積り等	三　工事一件の予定価格が5千万円以上の工事については、15日以上 2　国が入札の方法により競争に付する場合においては、予算決算及び会計令（昭和22年勅令第165号）第74条の規定による期間を前項の見積期間とみなす。
一括下請負の禁止	**第22条**　建設業者は、その請け負った建設工事を、いかなる方法をもってするかを問わず、一括して他人に請け負わせてはならない。 2　建設業を営む者は、建設業者から当該建設業者の請け負った建設工事を一括して請け負つてはならない。 3　前2項の建設工事が多数の者が利用する施設又は工作物に関する重要な建設工事で政令で定めるもの以外の建設工事である場合において、当該建設工事の元請負人があらかじめ発注者の書面による承諾を得たときは、これらの規定は、適用しない。 4　発注者は、前項の規定による書面による承諾に代えて、政令で定めるところにより、同項の元請負人の承諾を得て、電子情報処理組織を使用する方法その他の情報通信の技術を利用する方法であって国土交通省令で定めるものにより、同項の承諾をする旨の通知をすることができる。この場合において、当該発注者は、当該書面による承諾をしたものとみなす。
下請負人の変更請求	**第23条**　注文者は、請負人に対して、建設工事の施工につき著しく不適当と認められる下請負人があるときは、その変更を請求することができる。ただし、あらかじめ注文者の書面による承諾を得て選定した下請負人については、この限りでない。 2　注文者は、前項ただし書の規定による書面による承諾に代えて、政令で定めるところにより、同項ただし書の規定により下請負人を選定する者の承諾を得て、電子情報処理組織を使用する方法その他の情報通信の技術を利用する方法であって国土交通省令で定めるものにより、同項ただし書の承諾をする旨の通知をすることができる。この場合において、当該注文者は、当該書面による承諾をしたものとみなす。
工事監理に関する報告	**第23条の2**　請負人は、その請け負った建設工事の施工について建築士法（昭和25年法律第202号）第18条第3項の規定により建築士から工事を設計図書のとおりに実施するよう求められた場合において、これに従わない理由があるときは、直ちに、第19条の2第2項の規定により通知された方法により、注文者に対して、その理由を報告しなければならない。
請負契約とみなす場合	**第24条**　委託その他いかなる名義をもってするかを問わず、報酬を得て建設工事の完成を目的として締結する契約は、建設工事の請負契約とみなして、この法律の規定を適用する。

第2節　元請負人の義務	
下請負人の意見の聴取	**第24条の2**　元請負人は、その請け負った建設工事を施工するために必要な工程の細目、作業方法その他元請負人において定めるべき事項を定めようとするときは、あらかじめ、下請負人の意見をきかなければならない。
下請代金の支払	**第24条の3**　元請負人は、請負代金の出来形部分に対する支払又は工事完成後における支払を受けたときは、当該支払の対象となった建設工事を施工した下請負人に対して、当該元請負人が支払を受けた金額の出来形に対する割合及び当該下請負人が施工した出来形部分に相応する下請代金を、当該支払を受けた日から1月以内で、かつ、できる限り短い期間内に支払わなければならない。

下請代金の支払	2 元請負人は、前払金の支払を受けたときは、下請負人に対して、資材の購入、労働者の募集その他建設工事の着手に必要な費用を前払金として支払うよう適切な配慮をしなければならない。
検査及び引渡し	**第24条の4** 元請負人は、下請負人からその請け負った建設工事が完成した旨の通知を受けたときは、当該通知を受けた日から20日以内で、かつ、できる限り短い期間内に、その完成を確認するための検査を完了しなければならない。 2 元請負人は、前項の検査によって建設工事の完成を確認した後、下請負人が申し出たときは、直ちに、当該建設工事の目的物の引渡しを受けなければならない。ただし、下請契約において定められた工事完成の時期から20日を経過した日以前の一定の日に引渡しを受ける旨の特約がされている場合には、この限りでない。
特定建設業者の下請代金の支払期日等	**第24条の6** 特定建設業者が注文者となった下請契約（下請契約における請負人が特定建設業者又は資本金額が政令で定める金額以上の法人であるものを除く。以下この条において同じ。）における下請代金の支払期日は、前条第2項の申出の日（同項ただし書の場合にあっては、その一定の日。以下この条において同じ。）から起算して50日を経過する日以前において、かつ、できる限り短い期間内において定められなければならない。 2 特定建設業者が注文者となった下請契約において、下請代金の支払期日が定められなかったときは前条第2項の申出の日が、前項の規定に違反して下請代金の支払期日が定められたときは同条第2項の申出の日から起算して50日を経過する日が下請代金の支払期日と定められたものとみなす。 3 特定建設業者は、当該特定建設業者が注文者となった下請契約に係る下請代金の支払につき、当該下請代金の支払期日までに一般の金融機関（預金又は貯金の受入れ及び資金の融通を業とする者をいう。）による割引を受けることが困難であると認められる手形を交付してはならない。 4 特定建設業者は、当該特定建設業者が注文者となった下請契約に係る下請代金を第1項の規定により定められた支払期日又は第2項の支払期日までに支払わなければならない。当該特定建設業者がその支払をしなかったときは、当該特定建設業者は、下請負人に対して、前条第2項の申出の日から起算して50日を経過した日から当該下請代金の支払をする日までの期間について、その日数に応じ、当該未払金額に国土交通省令で定める率を乗じて得た金額を遅延利息として支払わなければならない。
下請負人に対する特定建設業者の指導等	**第24条の7** 発注者から直接建設工事を請け負った特定建設業者は、当該建設工事の下請負人が、その下請負に係る建設工事の施工に関し、この法律の規定又は建設工事の施工若しくは建設工事に従事する労働者の使用に関する法令の規定で政令で定めるものに違反しないよう、当該下請負人の指導に努めるものとする。 2 前項の特定建設業者は、その請け負った建設工事の下請負人である建設業を営む者が同項に規定する規定に違反していると認めたときは、当該建設業を営む者に対し、当該違反している事実を指摘して、その是正を求めるように努めるものとする。 3 第1項の特定建設業者が前項の規定により是正を求めた場合において、当該建設業を営む者が当該違反している事実を是正しないときは、同項の特定建設業者は、当該建設業を営む者が建設業者であるときはその許可をした国

下請負人に対する特定建設業者の指導等	土交通大臣若しくは都道府県知事又は営業としてその建設工事の行われる区域を管轄する都道府県知事に、その他の建設業を営む者であるときはその建設工事の現場を管轄する都道府県知事に、速やかに、その旨を通報しなければならない。
施工体制台帳及び施工体系図の作成等	**第24条の8** 特定建設業者は、発注者から直接建設工事を請け負った場合において、当該建設工事を施工するために締結した下請契約の請負代金の額（当該下請契約が2以上あるときは、それらの請負代金の額の総額）が政令で定める金額3,000万円（建築工事4,500万円以上）以上になるときは、建設工事の適正な施工を確保するため、国土交通省令で定めるところにより、当該建設工事について、下請負人の商号又は名称、当該下請負人に係る建設工事の内容及び工期その他の国土交通省令で定める事項を記載した施工体制台帳を作成し、工事現場ごとに備え置かなければならない。 2 前項の建設工事の下請負人は、その請け負った建設工事を他の建設業を営む者に請け負わせたときは、国土交通省令で定めるところにより、同項の特定建設業者に対して、当該他の建設業を営む者の商号又は名称、当該者の請け負った建設工事の内容及び工期その他の国土交通省令で定める事項を通知しなければならない。 3 第1項の特定建設業者は、同項の発注者から請求があったときは、同項の規定により備え置かれた施工体制台帳を、その発注者の閲覧に供しなければならない。 4 第1項の特定建設業者は、国土交通省令で定めるところにより、当該建設工事における各下請負人の施工の分担関係を表示した施工体系図を作成し、これを当該工事現場の見やすい場所に掲げなければならない。 ＊建設業法施行規則 ＜施工体制台帳の記載事項等＞ **第14条の2** 法第24条の7第1項の国土交通省令で定める事項は、次のとおりとする。 一 作成特定建設業者が許可を受けて営む建設業の種類 二 作成特定建設業者が請け負った建設工事に関する次に掲げる事項 イ 建設工事の名称、内容及び工期 ロ 発注者と請負契約を締結した年月日、当該発注者の商号、名称又は氏名及び住所並びに当該請負契約を締結した営業所の名称及び所在地 ハ 発注者が監督員を置くときは、当該監督員の氏名及び法第19条の2第2項に規定する通知事項 ニ 作成特定建設業者が現場代理人を置くときは、当該現場代理人の氏名及び法第19条の2第1項 に規定する通知事項 ホ 監理技術者の氏名、その者が有する監理技術者資格及びその者が専任の監理技術者であるか否かの別 ヘ 法第26条の2第1項又は第2項の規定により建設工事の施工の技術上の管理をつかさどる者でホの監理技術者以外のものを置くときは、その者の氏名、その者が管理をつかさどる建設工事の内容及びその有する主任技術者資格 三 前号の建設工事の下請負人に関する次に掲げる事項 イ 商号又は名称及び住所 ロ 当該下請負人が建設業者であるときは、その者の許可番号及びその請け

施工体制台帳及び施工体系図の作成等	負った建設工事に係る許可を受けた建設業の種類 四　前号の下請負人が請け負った建設工事に関する次に掲げる事項 イ　建設工事の名称、内容及び工期 ロ　当該下請負人が注文者と下請契約を締結した年月日 ハ　注文者が監督員を置くときは、当該監督員の氏名及び法第 19 条の 2 第 2 項に規定する通知事項 ニ　当該下請負人が現場代理人を置くときは、当該現場代理人の氏名及び法第 19 条の 2 第 1 項に規定する通知事項 ホ　当該下請負人が建設業者であるときは、その者が置く主任技術者の氏名、当該主任技術者が有する主任技術者資格及び当該主任技術者が専任の者であるか否かの別 ヘ　当該下請負人が法第 26 条の 2 第 1 項又は第 2 項の規定により建設工事の施工の技術上の管理をつかさどる者でホの主任技術者以外のものを置くときは、当該者の氏名、その者が管理をつかさどる建設工事の内容及びその有する主任技術者資格 ト　当該建設工事が作成特定建設業者の請け負わせたものであるときは、当該建設工事について請負契約を締結した作成特定建設業者の営業所の名称及び所在地 <施工体系図> **第 14 条の 6**　施工体系図は、第一号に掲げる事項を表示するほか、第二号に掲げる事項を同号の下請負人ごとに、かつ、各下請負人の施工の分担関係が明らかとなるよう系統的に表示して作成しておかなければならない。
施工体制台帳及び施工体系図の作成等	一　作成特定建設業者の商号又は名称、作成特定建設業者が請け負った建設工事の名称、工期及び発注者の商号、名称又は氏名、監理技術者の氏名並びに第 14 条の 2 第 1 項第二号へに規定する者を置くときは、その者の氏名及びその者が管理をつかさどる建設工事の内容 二　前号の建設工事の下請負人で現にその請け負った建設工事を施工しているものの商号又は名称、当該請け負った建設工事の内容及び工期並びに当該下請負人が建設業者であるときは、当該下請負人が置く主任技術者の氏名並びに第 14 条の 2 第 1 項第四号へに規定する者を置く場合における当該者の氏名及びその者が管理をつかさどる建設工事の内容

4. 施工技術の確保（第 4 章）

項　目	内　容
施工技術の確保	**第 25 条の 27**　建設業者は、施工技術の確保に努めなければならない。 **2**　国土交通大臣は、前項の施工技術の確保に資するため、必要に応じ、講習の実施、資料の提供その他の措置を講ずるものとする。
主任技術者及び監理技術者の設置等	**第 26 条**　建設業者は、その請け負った建設工事を施工するときは、当該建設工事に関し第 7 条第 2 号イ、ロ又はハに該当する者で当該工事現場における建設工事の施工の技術上の管理をつかさどるもの（以下「主任技術者」という。）を置かなければならない。 **2**　発注者から直接建設工事を請け負った特定建設業者は、当該建設工事を施

主任技術者及び監理技術者の設置等	工するために締結した下請契約の請負代金の額（当該下請契約が2以上あるときは、それらの請負代金の額の総額）が第3条第1項第二号の政令で定める金額（**建築工事4,500万円、その他工事3,000万円**）以上になる場合においては、前項の規定にかかわらず、当該建設工事に関し第15条第二号イ、ロ又はハに該当する者で当該工事現場における建設工事の**施工の技術上の管理**をつかさどるもの（以下「**監理技術者**」という。）を置かなければならない。 3　**公共性のある施設**若しくは工作物又は多数の者が利用する施設若しくは工作物に関する重要な建設工事で政令で定めるものについては、前2項の規定により置かなければならない主任技術者又は監理技術者は、工事現場ごとに、**専任の者**でなければならない。 4　前項の規定により専任の者でなければならない監理技術者は、第27条の18第1項の規定による**監理技術者資格者証の交付**を受けている者であって、第26条の4から第26条の6までの規定により国土交通大臣の**登録を受けた講習を受講したもの**のうちから、これを**選任**しなければならない。 5　前項の規定により選任された監理技術者は、発注者から請求があったときは、**監理技術者資格者証を提示**しなければならない。 **第26条の2**　土木工事業又は建築工事業を営む者は、土木一式工事又は建築一式工事を施工する場合において、土木一式工事又は建築一式工事以外の建設工事を施工するときは、当該建設工事に関し第7条第二号イ、ロ又はハに該当する者で当該工事現場における当該建設工事の施工の技術上の管理をつかさどるものを置いて自ら施工する場合のほか、当該建設工事に係る建設業の許可を受けた建設業者に当該建設工事を施工させなければならない。 2　建設業者は、許可を受けた建設業に係る建設工事に附帯する他の建設工事を施工する場合においては、当該建設工事に関し第7条第二号イ、ロ又はハに該当する者で当該工事現場における当該建設工事の施工の技術上の管理をつかさどるものを置いて自ら施工する場合のほか、当該建設工事に係る建設業の許可を受けた建設業者に当該建設工事を施工させなければならない。
主任技術者及び監理技術者の職務等	**第26条の4**　主任技術者及び監理技術者は、工事現場における建設工事を適正に実施するため、当該建設工事の施工計画の作成、工程管理、品質管理その他の**技術上の管理**及び当該建設工事の施工に従事する者の**技術上の指導監督**の職務を誠実に行わなければならない。 2　工事現場における建設工事の施工に従事する者は、主任技術者又は監理技術者がその職務として行う**指導**に従わなければならない。

2 建築基準法

ランク★★★

建築基準法施行令に関しては、工事現場の危害の防止（令第7章の8）から、仮囲い、根切り工事、山留め工事等を行う場合の危害防止、落下物に対する防護、建て方について出題されている。

項　目	内　容
仮囲い	**令第136条の2の20** 木造の建築物で高さが13m若しくは**軒の高さ**が9mを超えるもの又は木造以

仮囲い	外の建築物で2以上の階数を有するものについて、建築、修繕、模様替又は除却のための工事（以下この章において「建築工事等」という）を行う場合においては、工事期間中工事現場の周囲にその地盤面（その地盤面が工事現場の周辺の地盤面より低い場合においては、工事現場の周辺の地盤面）からの高さが1.8 m以上の板塀その他これに類する仮囲いを設けなければならない。ただし、これらと同等以上の効力を有する他の囲いがある場合又は工事現場の周辺若しくは工事の状況により危害防止上支障がない場合においては、この限りでない。
根切り工事、山留め工事等を行う場合の危害の防止	令第136条の3 建築工事等において根切り工事、山留め工事、ウエル工事、ケーソン工事その他基礎工事を行なう場合においては、あらかじめ、地下に埋設されたガス管、ケーブル、水道管及び下水道管の損壊による危害の発生を防止するための措置を講じなければならない。 2　建築工事等における地階の根切り工事その他の深い根切り工事（これに伴う山留め工事を含む）は、地盤調査による地層及び地下水の状況に応じて作成した施工図に基づいて行なわなければならない。 3　建築工事等において建築物その他の工作物に近接して根切り工事その他土地の掘削を行なう場合においては、当該工作物の基礎又は地盤を補強して構造耐力の低下を防止し、急激な排水を避ける等その傾斜又は倒壊による危害の発生を防止するための措置を講じなければならない。 4　建築工事等において深さ1.5 m以上の根切り工事を行う場合においては、地盤が崩壊するおそれがないとき、及び周辺の状況により危害防止上支障がないときを除き、山留めを設けなければならない。この場合において、山留めの根入れは、周辺の地盤の安定を保持するために相当な深さとしなければならない。 5　前項の規定により設ける山留めの切ばり、矢板、腹起しその他の主要な部分は、土圧に対して、次に定める方法による構造計算によった場合に安全であることが確かめられる最低の耐力以上の耐力を有する構造としなければならない。 一　次に掲げる方法によって土圧を計算すること。 イ　土質及び工法に応じた数値によること。ただし、深さ3 m以内の根切り工事を行う場合においては、土を水と仮定した場合の圧力の50%を下らない範囲でこれと異なる数値によることができる。 ロ　建築物その他の工作物に近接している部分については、イの数値に当該工作物の荷重による影響に相当する数値を加えた数値によること。 二　前号の規定によって計算した土圧によって山留めの主要な部分の断面に生ずる応力度を計算すること。 三　前号の規定によって計算した応力度が、次に定める許容応力度を超えないことを確かめること。 イ　木材の場合にあっては、第八十九条（第三項を除く）又は第九十四条の規定による長期に生ずる力に対する許容応力度と短期に生ずる力に対する許容応力度との平均値。ただし、腹起しに用いる木材の許容応力度については、国土交通大臣が定める許容応力度によることができる。 ロ　鋼材又はコンクリートの場合にあっては、それぞれ第九十条若しくは第九十四条又は第九十一条の規定による短期に生ずる力に対する許容応

根切り工事、山留工事等を行う場合の危害の防止	力度 6 建築工事等における根切り及び山留めについては、その工事の施工中必要に応じて点検を行ない、山留めを補強し、排水を適当に行なう等これを安全な状態に維持するための措置を講ずるとともに、矢板等の抜取りに際しては、周辺の地盤の沈下による危害を防止するための措置を講じなければならない。
落下物に対する防護	令第136条の5 建築工事等において工事現場の境界線からの水平距離が5m以内で、かつ、地盤面からの高さが3m以上の場所からくず、ごみその他飛散するおそれのある物を投下する場合においては、ダストシュートを用いる等当該くず、ごみ等が工事現場の周辺に飛散することを防止するための措置を講じなければならない。 2 建築工事等を行なう場合において、建築のための工事をする部分が工事現場の境界線から水平距離が5m以内で、かつ、地盤面から高さが7m以上にあるとき、その他はつり、除却、外壁の修繕等に伴う落下物によって工事現場の周辺に危害を生ずるおそれがあるときは、国土交通大臣の定める基準に従って、工事現場の周囲その他危害防止上必要な部分を鉄網又は帆布でおおう等落下物による危害を防止するための措置を講じなければならない。
建て方	令第136条の6 建築物の建て方を行なうに当たっては、仮筋かいを取り付ける等荷重又は外力による倒壊を防止するための措置を講じなければならない。 2 鉄骨造の建築物の建て方の仮締は、荷重及び外力に対して安全なものとしなければならない。

3 労働安全衛生法

ランク★★★

労働安全衛生法からは、事業者等の責務、総括安全衛生管理者、元方事業者の講ずべき措置等、特定元方事業者の講ずべき措置、職長への安全衛生教育、健康の保持増進のための措置に関して出題されている。

1. 総則（第1章）

項　目	内　容
目　的	**第1条**　この法律は、労働基準法と相まって、労働災害の防止のための危害防止基準の確立、責任体制の明確化及び自主的活動の促進の措置を講ずる等その防止に関する総合的計画的な対策を推進することにより職場における労働者の安全と健康を確保するとともに、快適な職場環境の形成を促進することを目的とする。
定　義	**第2条**　この法律において、次の各号に掲げる用語の意義は、それぞれ当該各号に定めるところによる。

定　義	一　労働災害　労働者の就業に係る建設物、設備、原材料、ガス、蒸気、粉じん等により、又は作業行動その他業務に起因して、労働者が負傷し、疾病にかかり、又は死亡することをいう。 二　労働者　労働基準法第9条に規定する労働者（同居の親族のみを使用する事業又は事務所に使用される者及び家事使用人を除く。）をいう。 三　事業者　事業を行う者で、労働者を使用するものをいう。 三の二　化学物質　元素及び化合物をいう。 四　作業環境測定　作業環境の実態をは握するため空気環境その他の作業環境について行うデザイン、サンプリング及び分析（解析を含む。）をいう。
事業者等の責務	第3条　事業者は、単にこの法律で定める労働災害の防止のための最低基準を守るだけでなく、快適な職場環境の実現と労働条件の改善を通じて職場における労働者の安全と健康を確保するようにしなければならない。また、事業者は、国が実施する労働災害の防止に関する施策に協力するようにしなければならない。 2　機械、器具その他の設備を設計し、製造し、若しくは輸入する者、原材料を製造し、若しくは輸入する者又は建設物を建設し、若しくは設計する者は、これらの物の設計、製造、輸入又は建設に際して、これらの物が使用されることによる労働災害の発生の防止に資するように努めなければならない。 3　建設工事の注文者等仕事を他人に請け負わせる者は、施工方法、工期等について、安全で衛生的な作業の遂行をそこなうおそれのある条件を附さないように配慮しなければならない。 第4条　労働者は、労働災害を防止するため必要な事項を守るほか、事業者その他の関係者が実施する労働災害の防止に関する措置に協力するように努めなければならない。
事業者に関する規定の適用	第5条　2以上の建設業に属する事業の事業者が、一の場所において行われる当該事業の仕事を共同連帯して請け負った場合においては、厚生労働省令で定めるところにより、そのうちの1人を代表者として定め、これを都道府県労働局長に届け出なければならない。 2　前項の規定による届出がないときは、都道府県労働局長が代表者を指名する。 3　前2項の代表者の変更は、都道府県労働局長に届け出なければ、その効力を生じない。 4　第1項に規定する場合においては、当該事業を同項又は第2項の代表者のみの事業と、当該代表者のみを当該事業の事業者と、当該事業の仕事に従事する労働者を当該代表者のみが使用する労働者とそれぞれみなして、この法律を適用する。

2. 労働者の危険又は健康障害を防止するための措置（第4章）

項　目	内　容
事業者の講ずべき措置等	第20条　事業者は、次の危険を防止するため必要な措置を講じなければならない。 一　機械、器具その他の設備（以下「機械等」という。）による危険

事業者の講ずべき措置等	二　爆発性の物、発火性の物、引火性の物等による危険 三　電気、熱その他のエネルギーによる危険 **第21条**　事業者は、掘削、採石、荷役、伐木等の業務における作業方法から生ずる危険を防止するため必要な措置を講じなければならない。 2　事業者は、労働者が墜落するおそれのある場所、土砂等が崩壊するおそれのある場所等に係る危険を防止するため必要な措置を講じなければならない。 **第22条**　事業者は、次の健康障害を防止するため必要な措置を講じなければならない。 一　原材料、ガス、蒸気、粉じん、酸素欠乏空気、病原体等による健康障害 二　放射線、高温、低温、超音波、騒音、振動、異常気圧等による健康障害 三　計器監視、精密工作等の作業による健康障害 四　排気、排液又は残さい物による健康障害 **第23条**　事業者は、労働者を就業させる建設物その他の作業場について、通路、床面、階段等の保全並びに換気、採光、照明、保温、防湿、休養、避難及び清潔に必要な措置その他労働者の健康、風紀及び生命の保持のため必要な措置を講じなければならない。 **第24条**　事業者は、労働者の作業行動から生ずる労働災害を防止するため必要な措置を講じなければならない。 **第25条**　事業者は、労働災害発生の急迫した危険があるときは、直ちに作業を中止し、労働者を作業場から退避させる等、必要な措置を講じなければならない。 **第25条の2**　建設業その他政令で定める業種に属する事業の仕事で、政令で定めるものを行う事業者は、爆発、火災等が生じたことに伴い労働者の救護に関する措置がとられる場合における労働災害の発生を防止するため、次の措置を講じなければならない。 一　労働者の救護に関し必要な機械等の備付け及び管理を行うこと。 二　労働者の救護に関し必要な事項についての訓練を行うこと。 三　前二号に掲げるもののほか、爆発、火災等に備えて、労働者の救護に関し必要な事項を行うこと。 2　前項に規定する事業者は、厚生労働省令で定める資格を有する者のうちから、厚生労働省令で定めるところにより、同項各号の措置のうち技術的事項を管理する者を選任し、その者に当該技術的事項を管理させなければならない。
事業者の行うべき調査等	**第28条の2**　事業者は、厚生労働省令で定めるところにより、建設物、設備、原材料、ガス、蒸気、粉じん等による、又は作業行動その他業務に起因する危険性又は有害性等を調査し、その結果に基づいて、この法律又はこれに基づく命令の規定による措置を講ずるほか、労働者の危険又は健康障害を防止するため必要な措置を講ずるように努めなければならない。ただし、当該調査のうち、化学物質、化学物質を含有する製剤その他の物で労働者の危険又は健康障害を生ずるおそれのあるものに係るもの以外のものについては、製造業その他厚生労働省令で定める業種に属する事業者に限る。
元方事業者の講ずべき措置等	**第29条**　元方事業者は、関係請負人及び関係請負人の労働者が、当該仕事に関し、この法律又はこれに基づく命令の規定に違反しないよう必要な指導を行わなければならない。

元方事業者の講ずべき措置等	2 元方事業者は、関係請負人又は関係請負人の労働者が、当該仕事に関し、この法律又はこれに基づく命令の規定に違反していると認めるときは、是正のため必要な指示を行わなければならない。 3 前項の指示を受けた関係請負人又はその労働者は、当該指示に従わなければならない。 **第29条の2** 建設業に属する事業の元方事業者は、土砂等が崩壊するおそれのある場所、機械等が転倒するおそれのある場所その他の厚生労働省令で定める場所において関係請負人の労働者が当該事業の仕事の作業を行うときは、当該関係請負人が講ずべき当該場所に係る危険を防止するための措置が適正に講ぜられるように、技術上の指導その他の必要な措置を講じなければならない。 **労働安全衛生法規則第634条の2** 法第29条の2の厚生労働省令で定める場所は、次のとおりとする。 一 土砂等が崩壊するおそれのある場所（関係請負人の労働者に危険が及ぶおそれのある場所に限る） 一の二 土石流が発生するおそれのある場所（河川内にある場所であって、関係請負人の労働者に危険が及ぶおそれのある場所に限る） 二 機械等が転倒するおそれのある場所（関係請負人の労働者が用いる車両系建設機械のうち令別表第七第三号に掲げるもの又は移動式クレーンが転倒するおそれのある場所に限る） 三 架空電線の充電電路に近接する場所であって、当該充電電路に労働者の身体等が接触し、又は接近することにより感電の危険が生ずるおそれのあるもの（関係請負人の労働者により工作物の建設、解体、点検、修理、塗装等の作業若しくはこれらに附帯する作業又はくい打機、くい抜機、移動式クレーン等を使用する作業が行われる場所に限る） 四 埋設物等又はれんが壁、コンクリートブロック塀、擁壁等の建設物が損壊する等のおそれのある場所（関係請負人の労働者により当該埋設物等又は建設物に近接する場所において明かり掘削の作業が行われる場所に限る）
特定元方事業者等の講ずべき措置	**第30条** 特定元方事業者は、その労働者及び関係請負人の労働者の作業が同一の場所において行われることによって生ずる労働災害を防止するため、次の事項に関する必要な措置を講じなければならない。 一 協議組織の設置及び運営を行うこと。 二 作業間の連絡及び調整を行うこと。 三 作業場所を巡視すること。 四 関係請負人が行う労働者の安全又は衛生のための教育に対する指導及び援助を行うこと。 五 仕事を行う場所が仕事ごとに異なることを常態とする業種で、厚生労働省令で定めるものに属する事業を行う特定元方事業者にあっては、仕事の工程に関する計画及び作業場所における機械、設備等の配置に関する計画を作成するとともに、当該機械、設備等を使用する作業に関し関係請負人がこの法律又はこれに基づく命令の規定に基づき講ずべき措置についての指導を行うこと。 六 前各号に掲げるもののほか、当該労働災害を防止するため必要な事項 2 特定事業の仕事の発注者（注文者のうち、その仕事を他の者から請け負わないで注文している者をいう。以下同じ。）で、特定元方事業者以外のものは、一の場所において行われる特定事業の仕事を2以上の請負人に請け負わせて

特定元方事業者等の講ずべき措置	2 特定事業の仕事の発注者（注文者のうち、その仕事を他の者から請け負わないで注文している者をいう。以下同じ。）で、特定元方事業者以外のものは、一の場所において行われる特定事業の仕事を**2以上の請負人**に請け負わせている場合において、当該場所において当該仕事に係る2以上の請負人の労働者が作業を行うときは、厚生労働省令で定めるところにより、請負人で当該仕事を自ら行う事業者であるもののうちから、前項に規定する措置を講ずべき者として**1人を指名**しなければならない。一の場所において行われる特定事業の仕事の全部を請け負った者で、特定元方事業者以外のもののうち、当該仕事を2以上の請負人に請け負わせている者についても、同様とする。 3 前項の規定による指名がされないときは、同項の指名は、労働基準監督署長がする。 4 第2項又は前項の規定による指名がされたときは、当該指名された事業者は、当該場所において当該仕事の作業に従事するすべての労働者に関し、第1項に規定する措置を講じなければならない。この場合においては、当該指名された事業者及び当該指名された事業者以外の事業者については、第1項の規定は、適用しない。
注文者の講ずべき措置	**第31条** 特定事業の仕事を自ら行う注文者は、建設物、設備又は原材料（以下「建設物等」という。）を、当該仕事を行う場所においてその請負人の労働者に使用させるときは、当該建設物等について、当該労働者の労働災害を防止するため**必要な措置**を講じなければならない。 2 前項の規定は、当該事業の仕事が数次の請負契約によって行われることにより同一の建設物等について同項の措置を講ずべき注文者が2以上あることとなるときは、後次の請負契約の当事者である注文者については、適用しない。 **第31条の2** 化学物質、化学物質を含有する製剤その他の物を製造し、又は取り扱う設備で政令で定めるものの改造その他の厚生労働省令で定める作業に係る仕事の注文者は、当該物について、当該仕事に係る請負人の労働者の労働災害を防止するため**必要な措置**を講じなければならない。 **第31条の3** 建設業に属する事業の仕事を行う2以上の事業者の労働者が一の場所において機械で厚生労働省令で定めるものに係る作業（以下この条において「特定作業」という。）を行う場合において、特定作業に係る仕事を自ら行う発注者又は当該仕事の全部を請け負った者で、当該場所において当該仕事の一部を請け負わせているものは、厚生労働省令で定めるところにより、当該場所において特定作業に従事するすべての労働者の労働災害を防止するため**必要な措置**を講じなければならない。 2 前項の場合において、同項の規定により同項に規定する措置を講ずべき者がいないときは、当該場所において行われる特定作業に係る仕事の全部を請負人に請け負わせている建設業に属する事業の元方事業者又は第30条第2項若しくは第3項の規定により指名された事業者で建設業に属する事業を行うものは、前項に規定する措置を講ずる者を指名する等当該場所において特定作業に従事するすべての労働者の労働災害を防止するため**必要な配慮**をしなければならない。

3. 労働者の就業に当たっての措置（第6章）

項　目	内　容
安全衛生教育	**第59条**　事業者は、労働者を雇い入れたときは、当該労働者に対し、厚生労働省令で定めるところにより、その従事する業務に関する安全又は衛生のための教育を行わなければならない。 2　前項の規定は、労働者の作業内容を変更したときについて準用する。 3　事業者は、危険又は有害な業務で、厚生労働省令で定めるものに労働者をつかせるときは、厚生労働省令で定めるところにより、当該業務に関する安全又は衛生のための特別の教育を行わなければならない。 **第60条**　事業者は、その事業場の業種が政令で定めるものに該当するときは、新たに職務につくこととなった職長その他の作業中の労働者を直接指導又は監督する者（作業主任者を除く。）に対し、次の事項について、厚生労働省令で定めるところにより、安全又は衛生のための教育を行わなければならない。 一　作業方法の決定及び労働者の配置に関すること。 二　労働者に対する指導又は監督の方法に関すること。 三　前二号に掲げるもののほか、労働災害を防止するため必要な事項で、厚生労働省令で定めるもの
健康の保持増進のための措置	**第66条**　事業者は、労働者に対し、厚生労働省令で定めるところにより、医師による健康診断を行わなければならない。 2　事業者は、有害な業務で、政令で定めるものに従事する労働者に対し、厚生労働省令で定めるところにより、医師による特別の項目についての健康診断を行なわなければならない。有害な業務で、政令で定めるものに従事させたことのある労働者で、現に使用しているものについても、同様とする。 3　事業者は、有害な業務で、政令で定めるものに従事する労働者に対し、厚生労働省令で定めるところにより、歯科医師による健康診断を行なわなければならない。 4　都道府県労働局長は、労働者の健康を保持するため必要があると認めるときは、労働衛生指導医の意見に基づき、厚生労働省令で定めるところにより、事業者に対し、臨時の健康診断の実施その他必要な事項を指示することができる。 5　労働者は、前各項の規定により事業者が行なう健康診断を受けなければならない。ただし、事業者の指定した医師又は歯科医師が行なう健康診断を受けることを希望しない場合において、他の医師又は歯科医師の行なうこれらの規定による健康診断に相当する健康診断を受け、その結果を証明する書面を事業者に提出したときは、この限りでない。

4-2 関係法規の演習問題

演習問題 1　次の 1. から 3. の各法文において、[　　] に当てはまる正しい語句を、下の該当する枠内から 1 つ選びなさい。

1. 建設業法（請負契約とみなす場合）
第 24 条　委託その他いかなる [①] をもってするかを問わず、[②] を得て建設工事の完成を目的として締結する契約は、建設工事の請負契約とみなして、この法律の規定を適用する。

①	(1) 業務　(2) 許可　(3) 立場　(4) 名義　(5) 資格
②	(1) 報酬　(2) 利益　(3) 許可　(4) 承認　(5) 信用

2. 建築基準法施行令（建て方）
第 136 条の 6　建築物の建て方を行なうに当たっては、仮筋かいを取り付ける等荷重又は外力による [③] を防止するための措置を講じなければならない。
　2　鉄骨造の建築物の建て方の [④] は、荷重及び外力に対して安全なものとしなければならない。

③	(1) 事故　(2) 災害　(3) 変形　(4) 傾倒　(5) 倒壊
④	(1) ワイヤロープ　(2) 仮筋かい　(3) 仮締　(4) 本締　(5) 手順

3. 労働安全衛生法（元方事業者の講ずべき措置等）
第 29 条　元方事業者は、関係請負人及び関係請負人の労働者が、当該仕事に関し、この法律又はこれに基づく命令の規定に違反しないよう必要な [⑤] を行わなければならない。
　2　元方事業者は、関係請負人又は関係請負人の労働者が、当該仕事に関し、この法律又はこれに基づく命令の規定に違反していると認めるときは、[⑥] のため必要な指示を行わなければならない。
　3　（略）

⑤	(1) 説明　(2) 教育　(3) 指導　(4) 注意喚起　(5) 契約
⑥	(1) 衛生　(2) 是正　(3) 改善　(4) 安全　(5) 健康

解説 **1. 第24条** 委託その他いかなる［名義］をもってするかを問わず、［報酬］を得て建設工事の完成を目的として締結する契約は、建設工事の請負契約とみなして、この法律の規定を適用する。

2. 第136条の6 建築物の建て方を行なうに当たっては、仮筋かいを取り付ける等荷重又は外力による［倒壊］を防止するための措置を講じなければならない。

2 鉄骨造の建築物の建て方の［仮締］は、荷重及び外力に対して安全なものとしなければならない。

3. 第29条 元方事業者は、関係請負人及び関係請負人の労働者が、当該仕事に関し、この法律又はこれに基づく命令の規定に違反しないよう必要な［指導］を行わなければならない。

2 元方事業者は、関係請負人又は関係請負人の労働者が、当該仕事に関し、この法律又はこれに基づく命令の規定に違反していると認めるときは、［是正］のため必要な指示を行わなければならない。

解答 **1.** ①（4） ②（1） **2.** ③（5） ④（3） **3.** ⑤（3） ⑥（2）

演習問題２　次の１、２の問いに答えなさい。

1. 請負関係を示した下図において、「建設業法」上、施工体制台帳の作成等及び技術者の設置に関する次の問いに答えなさい。

　ただし、下図のＡ社からＯ社のうちＫ社及びＮ社以外は、建設工事の許可業者であり、Ａ社が請け負った工事は建築一式工事とし、Ｂ社～Ｏ社が請け負った工事は、建築一式工事以外の建設工事とする。

　(1) 施工体制台帳を作成し、工事現場ごとに備え置かなければならないすべての建設業者を、会社名で答えなさい。

　(2) 書面等により再下請負通知を行う再下請負通知人に該当するすべての建設業者を、会社名で答えなさい。

　(3) 下請負人であるＪ社からＯ社のうち、工事現場に施工の技術上の管理をつかさどる主任技術者を置かなければならないすべての下請負人を、会社名で答えなさい。

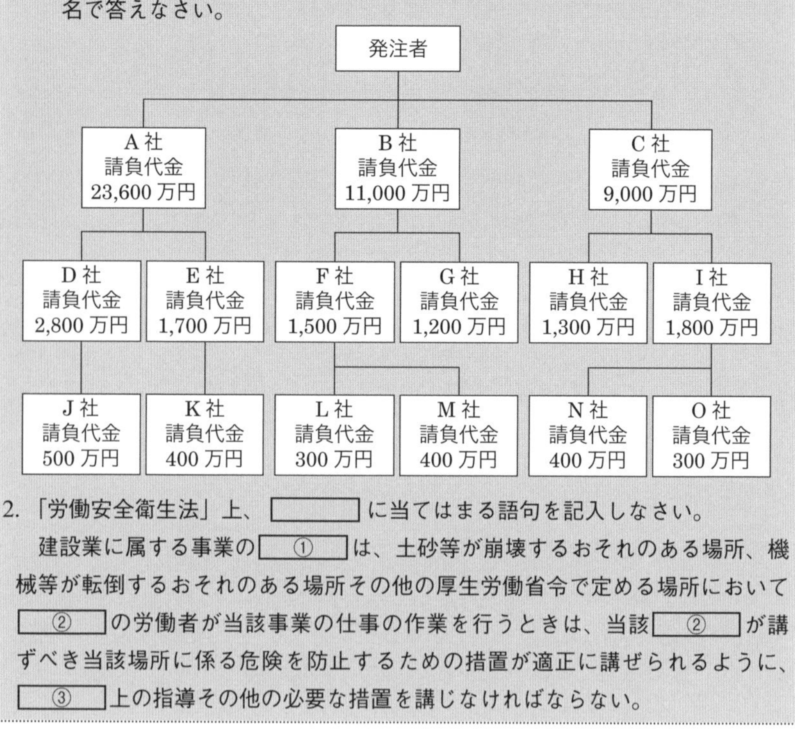

2. 「労働安全衛生法」上、［　　　］に当てはまる語句を記入しなさい。

　建設業に属する事業の［　①　］は、土砂等が崩壊するおそれのある場所、機械等が転倒するおそれのある場所その他の厚生労働省令で定める場所において［　②　］の労働者が当該事業の仕事の作業を行うときは、当該［　②　］が講ずべき当該場所に係る危険を防止するための措置が適正に講ぜられるように、［　③　］上の指導その他の必要な措置を講じなければならない。

解説　**1. 建設業法**

(1) 特定建設業者は、発注者から直接工事を請け負った場合、下請契約の請負代金の額が、建築一式工事の場合、4,500万円以上のもの、それ以外の建設工事にあって3,000万円以上のもの（監理技術者を置く場合）については、建設工事の適正な施工を確保するため、施工体制台帳を作成し、工事現場ごとに備え置かなければならない（建設業法24条の8第1項）と規定されている。

A社は、D社とE社に合計4,500万円（建築一式4,500万円以上）、C社は、H社とI社に合計3,100万円（建築一式工事以外3,000万円以上）で下請契約されている。よって、施工体制台帳を作成し、工事現場ごとに備え置かなければならない。

(2) 建設工事の下請負人は、その請け負った建設工事を他の建設業を営む者に請け負わせたときは、国土交通省令で定めるところにより、同項の特定建設業者に対して、当該他の建設業を営む者の商号又は名称、当該者の請け負った建設工事の内容及び工期その他の国土交通省令で定める事項を通知しなければならない（建設業法24条の8第2項）と規定されている。F社は、B社が施工体制台帳不要であるため、再下請負通知人に該当しない。G社、H社は再下請負人がいないため再下請負通知人に該当しない。

(3) 建設業者は、その請け負った建設工事を施工するときは、当該建設工事に関し当該工事現場における建設工事の施工の技術上の管理をつかさどるもの（以下「主任技術者」という。）を置かなければならない（建設業法26条第1項）と規定されている。K社とN社は建設工事の許可業者ではないので除かれる。

2. 労働安全衛生法

第29条の2　建設業に属する事業の［元方］事業者は、土砂等が崩壊するおそれのある場所、機械等が転倒するおそれのある場所その他の厚生労働省令で定める場所において［関係請負人］の労働者が当該事業の仕事の作業を行うときは、当該［関係請負人］が講ずべき当該場所に係る危険を防止するための措置が適正に講ぜられるように、［技術］上の指導その他の必要な措置を講じなければならない。

解答　1. (1) A社、C社

(2) D社、E社、I社

(3) J社、L社、M社、O社

2. ①元方　②関係請負人　③技術

演習問題3　「建設業法」及び「労働安全衛生法」に定める次の各法文において、［　　］に当てはまる語句を記入しなさい。

1. 建設業法

建設業者は、許可を受けた［　①　］に係る建設工事を請け負う場合においては、当該建設工事に［　②　］する他の［　①　］に係る建設工事を請け負うことができる。

2. 建設業法

請負人は、請負契約の履行に関し工事現場に現場代理人を置く場合においては、当該現場代理人の［　③　］に関する事項及び当該現場代理人の行為についての注文者の請負人に対する［　④　］の申出の方法（第3項において「現場代理人に関する事項」という。）を、書面により注文者に通知しなければならない。

3. 労働安全衛生法

建設工事の注文者等仕事を他人に請け負わせる者は、施工方法、［　⑤　］等について、安全で衛生的な作業の遂行をそこなうおそれのある［　⑥　］を附さないように配慮しなければならない。

解説 **1. 第4条**　建設業者は、許可を受けた［建設業］に係る建設工事を請け負う場合においては、当該建設工事に［附帯］する他の［建設業］に係る建設工事を請け負うことができる。

2. 第19条の2　請負人は、請負契約の履行に関し工事現場に現場代理人を置く場合においては、当該現場代理人の［権限］に関する事項及び当該現場代理人の行為についての注文者の請負人に対する［意見］の申出の方法（第3項において「現場代理人に関する事項」という。）を、書面により注文者に通知しなければならない。

3. 第3条第3項　建設工事の注文者等仕事を他人に請け負わせる者は、施工方法、［工期］等について、安全で衛生的な作業の遂行をそこなうおそれのある［条件］を附さないように配慮しなければならない。

解答 ①建設業　②附帯　③権限　④意見　⑤工期　⑥条件

演習問題 4　「建設業法」及び「労働安全衛生法」に定める次の各法文において、[　　　]に当てはまる語句を記入しなさい。

1. 建設業法

(1) 発注者から直接建設工事を請け負った特定建設業者は、当該建設工事の下請負人が、その下請負に係る建設工事の施工に関し、この法律の規定又は建設工事の施工若しくは建設工事に従事する[　①　]の使用に関する法令の規定で政令で定めるものに違反しないよう、当該下請負人の指導に努めるものとする。

(2) 前項の特定建設業者は、その請け負った建設工事の下請負人である建設業を営む者が同項に規定する規定に違反していると認めたときは、当該建設業を営む者に対し、当該違反している事実を指摘して、その[　②　]を求めるように努めるものとする。

2. 建設業法

特定建設業者は、発注者から直接建設工事を請け負った場合において、当該建設工事を施工するために締結した[　③　]の請負代金の額（当該[　③　]が2以上あるときは、それらの請負代金の額の総額）が政令で定める金額3,000万円（建築工事4,500万円以上）以上になるときは、建設工事の適正な施工を確保するため、国土交通省令で定めるところにより、当該建設工事について、下請負人の商号又は名称、当該下請負人に係る建設工事の内容及び工期その他の国土交通省令で定める事項を記載した[　④　]を作成し、工事現場ごとに備え置かなければならない。

3. 労働安全衛生法

事業者は、危険又は[　⑤　]な業務で、厚生労働省令で定めるものに労働者をつかせるときは、厚生労働省令で定めるところにより、当該業務に関する安全又は衛生のための[　⑥　]の教育を行わなければならない。

解説　**1. 建設業法**

第24条の7　発注者から直接建設工事を請け負った特定建設業者は、当該建設工事の下請負人が、その下請負に係る建設工事の施工に関し、この法律の規定又は建設工事の施工若しくは建設工事に従事する[労働者]の使用に関する法令の規定で政令で定めるものに違反しないよう、当該下請負人の指導に努めるものとする。

2　前項の特定建設業者は、その請け負った建設工事の下請負人である建設業を営む者が同項に規定する規定に違反していると認めたときは、当該建設業を営む者に対し、当該違反している事実を指摘して、その

是正 を求めるように努めるものとする。

2. 建設業法

第24条の8 特定建設業者は、発注者から直接建設工事を請け負った場合において、当該建設工事を施工するために締結した 下請契約 の請負代金の額（当該 下請契約 が2以上あるときは、それらの請負代金の額の総額）が政令で定める金額3,000万円（建築工事4,500万円以上）以上になるときは、建設工事の適正な施工を確保するため、国土交通省令で定めるところにより、当該建設工事について、下請負人の商号又は名称、当該下請負人に係る建設工事の内容及び工期その他の国土交通省令で定める事項を記載した 施工体制台帳 を作成し、工事現場ごとに備え置かなければならない。

3. 労働安全衛生法

第59条第3項 事業者は、危険又は 有害 な業務で、厚生労働省令で定めるものに労働者をつかせるときは、厚生労働省令で定めるところにより、当該業務に関する安全又は衛生のための 特別 の教育を行わなければならない。

解答 ①労働者 ②是正 ③下請契約 ④施工体制台帳 ⑤有害 ⑥特別

演習問題 5　次の 1、2 の問いに答えなさい。

1. 請負関係を示した下図において、「建設業法」上、施工体制台帳の作成等に関する次の問いに答えなさい。

ただし、A 社が請け負った工事は建築一式工事とし、B 社～ M 社が請け負った工事は、建築一式工事以外の建設工事とする。

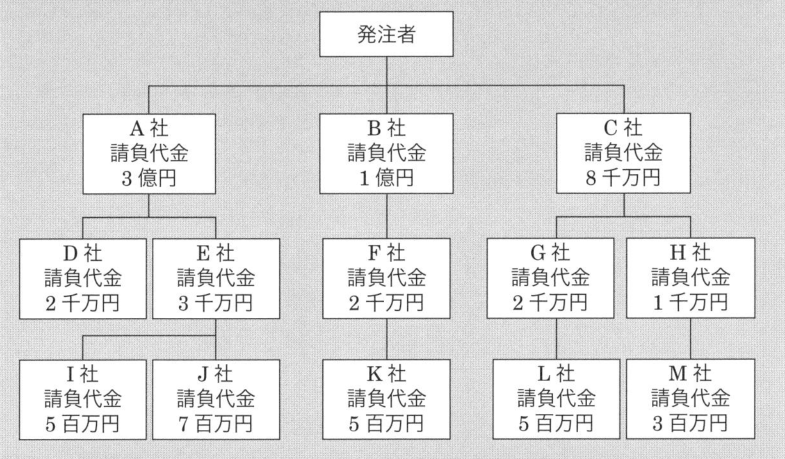

(1) 施工体制台帳を作成し、工事現場ごとに備え置かなければならないすべての建設業者を、会社名（A 社～ M 社）で答えなさい。

(2) 書面等により再下請負通知を行う再下請負通知人に該当するすべての建設業者を、会社名（A 社～ M 社）で答えなさい。

2. 「建設業法」上、［　　　］に当てはまる語句を記入しなさい。

(1) 注文者は、請負人に対して、建設工事の施工につき著しく不適当と認められる［　①　］があるときは、その［　②　］を請求することができる。ただし、あらかじめ注文者の書面による承諾を得て選定した［　①　］については、この限りでない。

(2) 主任技術者及び監理技術者は、工事現場における建設工事を適正に実施するため、当該建設工事の施工計画の作成、工程管理、［　③　］その他の技術上の管理及び当該建設工事の施工に従事する者の技術上の［　④　］の職務を誠実に行わなければならない。

解説　**1.** (1) 特定建設業者は、発注者から直接工事を請け負った場合、下請契約の請負代金の額が、建築一式工事の場合、4,500 万円以上のもの、それ以外の建設工事にあって3,000万円以上のもの（監理技術者を置く場合）については、建設工事の適正な施工を確保するため、施工体制台帳を作成し、工事現場ごとに備え置かなければならない（建設業法24条の8第1項）と規定されている。

A社は、D社とE社に合計5,000万円（建築一式4,500万円以上）、C社は、G社とH社に合計3,000万円（建築一式工事以外3,000万円以上）で下請契約されている。よって、施工体制台帳を作成し、工事現場ごとに備え置かなければならない。

(2) 建設工事の下請負人は、その請け負った建設工事を他の建設業を営む者に請け負わせたときは、国土交通省令で定めるところにより、同項の特定建設業者に対して、当該他の建設業を営む者の商号又は名称、当該者の請け負った建設工事の内容及び工期その他の国土交通省令で定める事項を通知しなければならない（建設業法24条の8第2項）と規定されている。F社は、B社が施工体制台帳の作成を要しないため、書面等により再下請負通知を行う再下請負通知人に該当しない。

2. (1) **第23条**　注文者は、請負人に対して、建設工事の施工につき著しく不適当と認められる［下請負人］があるときは、その［変更］を請求することができる。ただし、あらかじめ注文者の書面による承諾を得て選定した［下請負人］については、この限りでない。

(2) **第26条の4**　主任技術者及び監理技術者は、工事現場における建設工事を適正に実施するため、当該建設工事の施工計画の作成、［工程管理］、品質管理その他の技術上の管理及び当該建設工事の施工に従事する者の技術上の［指導監督］の職務を誠実に行わなければならない。

解答　1. (1) A社、C社　(2) E社、G社、H社

2. ①下請負人　②変更　③工程管理　④指導監督

演習問題 6　「建設業法」に定める次の各法文において、□に当てはまる語句を記入しなさい。

1. 請負人は、請負契約の履行に関し工事現場に現場代理人を置く場合においては、当該現場代理人の［　①　］に関する事項及び当該現場代理人の行為についての［　②　］の請負人に対する意見の申出の方法（第3項において「現場代理人に関する事項」という。）を、書面により［　②　］に通知しなければならない。
2. 建設業者は、建設工事の［　③　］を締結するに際して、工事内容に応じ、工事の種別ごとに［　④　］、労務費その他の経費の内訳を明らかにして、建設工事の見積りを行うよう努めなければならない。
3. 元請負人は、請負代金の［　⑤　］部分に対する支払又は工事完成後における支払を受けたときは、当該支払の対象となった建設工事を施工した下請負人に対して、当該元請負人が支払を受けた金額の［　⑤　］に対する割合及び当該下請負人が施工した［　⑤　］部分に相応する下請代金を、当該支払を受けた日から［　⑥　］以内で、かつ、できる限り短い期間内に支払わなければならない。

解説　**1. 第19条の2**　請負人は、請負契約の履行に関し工事現場に現場代理人を置く場合においては、当該現場代理人の［権限］に関する事項及び当該現場代理人の行為についての［注文者］の請負人に対する意見の申出の方法（第3項において「現場代理人に関する事項」という。）を、書面により［注文者］に通知しなければならない。

2. 第20条　建設業者は、建設工事の［請負契約］を締結するに際して、工事内容に応じ、工事の種別ごとに［材料費］、労務費その他の経費の内訳を明らかにして、建設工事の見積りを行うよう努めなければならない。

3. 第24条の3　元請負人は、請負代金の［出来形］部分に対する支払又は工事完成後における支払を受けたときは、当該支払の対象となった建設工事を施工した下請負人に対して、当該元請負人が支払を受けた金額の［出来形］に対する割合及び当該下請負人が施工した［出来形］部分に相応する下請代金を、当該支払を受けた日から［1月］以内で、かつ、できる限り短い期間内に支払わなければならない。

解答　①権限　②注文者　③請負契約　④材料費　⑤出来形　⑥1月

〈著者略歴〉
井上国博（いのうえ　くにひろ）
1972年　日本大学工学部建築学科卒業
現　在　株式会社住環境再生研究所所長
一級建築士、建築設備士、一級造園施工管理技士

黒瀬　匠（くろせ　たくみ）
1992年　東海大学工学部建築学科卒業
現　在　株式会社ベストデザイン代表取締役
一級建築士、構造設計一級建築士

三村大介（みむら　だいすけ）
1993年　大阪大学大学院修士課程修了
現　在　マロプラス代表
一級建築士、一級建築施工管理技士

これだけマスター
1級建築施工管理技士　第二次検定

2022年7月20日　第1版第1刷発行

著　者　井上国博
　　　　黒瀬　匠
　　　　三村大介
発行者　村上和夫
発行所　株式会社 オーム社
　　　　郵便番号　101-8460
　　　　東京都千代田区神田錦町3-1
　　　　電話　03(3233)0641(代表)
　　　　URL　https://www.ohmsha.co.jp/

印刷・製本　三美印刷
ISBN978-4-274-22864-3　Printed in Japan